一分钟学会

领导致辞

一书在手 致辞无忧·创意金句 拿来就用

王密枢/编著

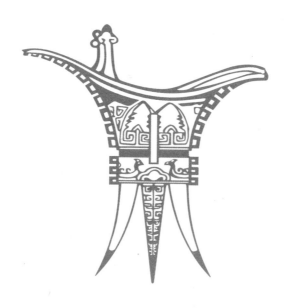

台海出版社

图书在版编目（CIP）数据

一分钟学会领导致辞 / 王密枢编著 . -- 北京：台海出版社，2024.1

ISBN 978-7-5168-3781-8

Ⅰ . ①一… Ⅱ . ①王… Ⅲ . ①领导人员 – 语言艺术②汉语 – 社会习惯语 – 汇编 Ⅳ . ① C933.2 ② H136.4

中国国家版本馆 CIP 数据核字（2023）第 253765 号

一分钟学会领导致辞

编　　著：王密枢

出 版 人：蔡　旭　　　　　　　　　封面设计：天下书装
责任编辑：魏　敏

出版发行：台海出版社
地　　址：北京市东城区景山东街 20 号　　邮政编码：100009
电　　话：010-64041652（发行，邮购）
传　　真：010-84045799（总编室）
网　　址：www. taimeng. org. cn / thcbs / default. htm
E - m a i l：thcbs@126.com

经　　销：全国各地新华书店
印　　刷：三河市越阳印务有限公司
本书如有破损、缺页、装订错误，请与本社联系调换

开　　本：710 毫米 × 1000 毫米　　　1 / 16
字　　数：150 千字　　　　　　　　　印　　张：10
版　　次：2024 年 1 月第 1 版　　　　印　　次：2024 年 1 月第 1 次印刷
书　　号：ISBN 978-7-5168-3781-8

定　　价：59.80 元

致辞是指用文字或者语言向别人表达自己的思想感情，现在一般是指在举行会议或者某种仪式时，邀请具有一定身份的人发表讲话。

领导致辞一般是根据某种特定背景而发表的讲话，致辞的对象和主题也是特定的，比如宣告活动开幕和闭幕，祝贺和表彰特定人员，答谢和慰问特定人员，等等。致辞现场都有特别的氛围，不会像普通的工作会议那样严肃，这就需要领导致辞更加应景，寓情于景，把现场的情感融入讲话稿中。

开幕式致辞是指在各种比赛、演出、文化节和展览会等活动开幕时，由负责人或重要领导发表的讲话。这类致辞具有简洁、热情、鼓舞人心等特点。开幕式是整个活动的开始，时间也比较短，因此开幕式致辞的主要任务是传递正能量、激发参与者的兴趣和动力。我们需要在致辞中表达对活动的祝福和期望，鼓励大家积极参与活动，展现出自己的真诚和热情。

闭幕式标志着整个活动的结束，相应的致辞内容就要体现总结性和号召性。在致辞中，我们要充分肯定和总结活动取得的成果，号召全体成员为实现下一个目标而努力。

表彰活动都会有明确的目标，一般都是对受表彰的人员进行公开的鼓励和表扬。我们要在致辞当中清晰地展现出领导者对受表彰人员的赞扬和认可，简要概括一下对方的具体贡献，同时给予对方高度的肯定。我们还要在致辞中从个人上升到团体，表达自己对整个团队的期望，提升团队的士气。

慰问致辞是指领导对工作中承担艰巨任务、取得巨大贡献和突出成绩的集体或个人表示鼓励，以及对特殊群体、遭受天灾人祸的集体或个人表示安慰和关切的讲话，比如对春节期间坚守岗位的工人的慰问、对灾区人民的慰问等。在这类致辞当中，领导讲话的内容和语气需要比一般讲话更加亲切和真挚，要充分尊重被慰问者的感受，唤起感情共鸣。

领导致辞不同于一般人发言，领导需要在讲话的时候更加突出重点，并且有针对性地对听众进行引导。致辞的语言需要简洁通俗、深入浅出，便于口头表达。我们要尝试从公文语言的窠臼当中跳脱出来，多讲一些更接地气的话，引起听众的共鸣。

本书每章的万能模板，可让读者更容易理解领导致辞的结构和逻辑；经典范文以及后面的致辞佳句，可让读者更有效和快速地应对致辞场景。本书同时还辅以诙谐的漫画解读，让阅读变得轻松、无压力。

不论是何种场合的领导致辞，都需要领导把握好听众的特点，根据实际的场景搭建致辞稿的结构，再用合适的语气引出致辞的中心观点，这样才能让领导致辞真正做到应景又激励人心。

CONTENTS
目　录

第一章

开幕式、闭幕式致辞

开幕式致辞万能模板

一、开场称呼

各位嘉宾，女士们、先生们

各位领导，各位来宾

各位老师，同学们

（开场称呼的原则是"先宾后主，先疏后熟"）

二、表达欢迎

秋风送爽，骄阳明媚，_____在_____的精心准备下隆重开幕了！首先请允许我代表_____，对_____的胜利召开表示热烈的祝贺！对莅临_____开幕式的各位领导／各位来宾／社会各界朋友，表示热烈的欢迎！向在筹备此次_____活动中付出辛勤劳动的_____表示衷心的感谢！

值此赏心悦事之际，我谨代表_____，向在座的各位，并通过你们，向所有长期以来关心支持_____发展的各界人士，致以诚挚的问候！

值此开幕之际，我谨代表_____向_____表示热烈的祝贺！向关心支持_____的_____致以诚挚的谢意！

嘉宾介绍

首先向各位介绍出席今天开幕式的领导和嘉宾：_____，请大家表示热烈的欢迎！

（此内容适用于有重要领导出席的开幕式）

三、活动目的

这次大会，是大家健康体魄、良好风貌的再展示，是不忘初心、砥砺前行的再行动，是提振精气神、实现美好梦想的再出发。

举办这次活动，目的是振奋人心、凝聚力量，把更高、更快、更强的体育精神融入提高工作效率中去，运用到公司的发展、壮大中去，为实现更大的目标，注入新的生机和活力。

（适用于企业运动会）

四、活动安排及介绍

本次的活动流程为_____，请大家注意活动时间和地点安排，确保活动顺利进行。

开幕式之后，我们还将举行_____展演、民俗文化表演、_____文化展等活动，努力再现_____世代相传的劳作情景，唤起市民对昔日_____的美好回忆……

近年来，我区在大力发展_____等支柱产业的同时，加快整合生态、文化资源，通过_____文化节等乡村游品牌节庆活动，发展生态、休闲、观光、度假等绿色旅游文化产业，努力促进农村经济健康、快速发展。

（适用于文化节开幕式）

_____大酒店，是一个集住宿、餐饮、会议、健身、娱乐为一体的综合性酒店，是完全按照国际四星级标准打造的酒店。它风格别致、设计新颖、功能齐全，无论是主体建筑，还是内部装潢，都彰显出了大气魄、大手笔。

（适用于酒店开幕式）

五、展望未来发展

希望以这次_____为新的起点，进一步深化与_____交流合作，不断扩大合作领域和规模，在更高层次上实现互利共赢、共同发展。

展望新的历史使命，我们信心百倍，斗志昂扬。万马奔腾齐跃进，千帆竞发争上游。_____发展蓝图已经绘就，推进_____建设的号角已经吹响。朋友们，行动起来吧！让我们点燃激情，放飞梦想，满怀豪情，坚定信念，攻坚克难，勇往直前，共同开创_____美好的未来！

路漫漫其修远兮，吾将上下而求索！这些成绩的取得不会成为我们炫耀的资本，只会成为我们前进的动力。

六、结束语：预祝活动成功

再次感谢大家的到来，祝愿活动圆满成功。谢谢！

让我们共同期待这次活动的成功，为大家留下美好的回忆。

最后，我宣布_____开幕！请领导、嘉宾、观众入场。谢谢大家！

❷ 民俗文化节开幕式

民俗文化节的举办一般重点突出旅游宣传、民俗展示等内容，开幕式上的领导致辞也要充分挖掘和宣传当地的民俗文化，营造良好的文化生活氛围，提升活动的知名度和美誉度。

📑 范 文

致辞场合：_____第____届民俗文化节

致辞人：主办单位领导

尊敬的来宾，朋友们：

今天，在这春意盎然的美好日子里，我们在这里隆重举办_____第____届民俗文化节。这既是传承地方民俗文化的一次活动，也是弘扬传统民族文化的一次盛举。在此，我代表本届民俗文化节的主办和承办单位，向光临本次开幕式的各位来宾、各位朋友表示热烈的欢迎！

_____民俗文化活动不仅是_____文化工作成绩的一个缩影，而且是见证民俗文化旺盛生命力的一个典型案例。这次的民俗活动与老街开游仪式以及文化艺术节相结合，突出"展示水乡风情，演绎独特民俗，推介江南古镇"的主题，同时安排了_____等一系列具有浓郁地方特色的民俗文化表演，必将大大提高四方游客的参与兴致。

民俗文化不仅需要保护、传承，更需要我们不断创新、发展。在这里，我衷心地希望_____借鉴_____的做法，深入挖掘_____的文化内涵，探索文化发展的新途径，开发特色文化活动，加快文化产业发展，引导广大市民、游客认识内涵丰富的民俗文化艺术，把_____民俗文化活动逐步打造成继_____后又一个民俗文化品牌项目。

最后，预祝_____第____届民俗文化节取得圆满成功！祝愿_____民俗文化和各项文化事业乘势而上，在新的历史时期焕发出新的光彩！谢谢大家！

所有这些文化成就的取得，是_____政府高度重视文化建设的结果，是社会各界合力打造的结果，也是_____人民辛勤努力的结果。

民俗文化是先进文化建设的一个重要组成部分，它源于生活、源于基层，有着坚实的群众基础，有着旺盛的生命力。

民俗文化是一个区域的品牌和灵魂，是一个地区综合实力的重要标志。

此次活动，一是传承华夏民族礼仪文化和中华民族精神；二是增强民族凝聚力，构建民主、文明、和谐社会；三是丰富地方文化，促进民俗文化研究与交流；四是再现民间、民俗文化现象。

通过民俗文化与旅游相结合，形成民俗文化传承发展的新载体；通过文化与生活相融合，保持民俗文化旺盛的生命力；通过民俗与产业之间的互动，实现民俗文化在新形势下的创新与发展。

通过举办才艺表演、手工艺术品制作以及趣味比赛等活动，充分展示了_____劳动人民的聪明才智和艺术创造力，展现了_____民间艺术传承交流的特色和成果。

3

运动会开幕式

运动会开幕式，用于正式宣布运动会开始。运动会开幕式上的领导致辞，主要是为了鼓舞士气，强调公平竞争、坚持不懈、奋勇拼搏的体育精神等。

范文1

致辞场合：＿＿＿＿届春季田径运动会

致辞人：学校领导

尊敬的各位领导、来宾、老师，亲爱的同学们：

大家上午好！

在春光明媚的四月，我们迎来了＿＿＿中学第＿＿＿届春季田径运动会。值此大会开幕之际，我谨代表学校向莅临我校运动会开幕式的领导、来宾表示最热烈的欢迎！向积极筹备本届运动会的全体工作人员表示由衷的感谢！向踊跃参加运动会、刻苦训练、积极准备的同学们表示诚挚的慰问！

近几年，在上级领导的关心和支持下，我校全体教职员工团结奋进，使学校的教育教学工作取得了丰硕的成果。学校先后获得了"＿＿＿＿＿＿示范高中""＿＿＿＿＿＿示范学校""＿＿＿＿＿素质教育优秀学校"等荣誉称号。

教育的宗旨是以人为本，全面提高学生的基本素质。因此，我校在改善办学条件、提高教学质量的同时，也认真贯彻了教育部提出的让学生"每天锻炼一小时，健康工作五十年，幸福生活一辈子"的方针，以促进学生的全面发展和健康成长。

体育不仅能增强我们的体质，还能带给我们阳光、健康和积极向上的精神风貌。培养身心健康、意志坚强、充满活力的优秀学生，是我们义不容辞的责任；让同学们成长在健康向上的良好环境中，是我们每一位老师最大的心愿。

本届运动会是对我校素质教育成果的一次大验收，也是对全体师生综合素质和精神风貌的一次大检阅。本届运动会是我校成立以来规模最大、参加人数最多的一次体育盛会，有＿＿＿＿个班级代表队、＿＿＿＿个校级方阵、＿＿＿＿名运动员，近＿＿＿＿名师生参加。大会将充分展示我校体能教育的新成果，呈现我校素质教育的新风貌。

在此，我谨代表学校组委会向全体与会人员提出几点希望：

1. 希望全体运动员坚持"友谊第一，比赛第二"的原则，尊重对手，尊重裁判，遵守规则，认真参加各项体育竞赛运动，发挥自己的最佳水平和技能，努力以最好的成绩为班级争光，为学校添彩。

2. 希望全体裁判员以及有关工作人员，及时到位，尽心尽职，公平公正，切实做好本职工作，对每一位运动员的付出给予正确的评价和裁判。

3. 希望全体同学能发扬奉献精神，树立服务意识，为全体运动员做好后勤工作，为比赛人员加油鼓劲，对班级获得的优异成绩通过广播进行及时、准确的报道。

4.希望各班班主任做好学生的组织工作，及时进行安全教育、卫生教育以及良好的秩序教育，确保本次运动会安全有序、团结和谐。

老师们、同学们，体育是力量的角逐，是智慧的较量，是魅力的展示，是理想的飞扬，让我们大力弘扬"更高、更快、更强"的奥林匹克精神，顽强拼搏，奋勇争先。同时，也让我们借助这样一个体育盛会，共同祝愿我校的教育教学工作再创新的辉煌。

最后，预祝全体运动员取得优异的成绩，预祝本届田径运动会圆满成功。

范 文2

致辞场合：_____中学第十届秋季运动会

致辞人：校长

各位老师，各位同学：

大家好！

在这秋高气爽的季节里，我校第十届秋季运动会，在全校师生的精心准备下，今天终于隆重开幕了！首先，请允许我代表本届大会组委会，预祝本届运动会胜利召开！向为本届运动会的筹备工作付出大量心血和精力的老师们、同学们表示衷心的感谢！

今天我们召开运动会，就是为大家提供一个运动的赛场，对我校同学的体育运动水平进行一次大检阅，同时，这也是全校师生精神面貌、校纪校风的一次大展示！

今天的主角是即将在运动场上拼搏的运动健儿们，作为校长，我不仅希望你们能够掌握扎实的科学文化知识，也期望你们练就强健的体魄。因为只有这样，你们才能在未来充分发挥你们的天赋和才能，在激烈的社会竞争中实现你们的人生价值！

泰戈尔说，天空没有翅膀的影子，但我已飞过；艾青说，也许有人到达不了彼岸，但我们共同拥有大海。也许你们没有出色的成绩，但运动场上留下了你们的足迹；也许你们没有奖品，但我们心中留下了你们拼搏的身影。

希望你们能秉承着"更高、更快、更强"的体育精神，在赛场上奋勇争先，展现你们自强不息、勇攀高峰的青春风采，赛出风格，赛出水平！

奔跑吧！广阔的绿茵场，是为你们搭建的舞台！步子迈开，飞驰在红色跑道上，用你们的汗水和热血，不断创造新的纪录，张扬青春的风采！

现在全体起立，为我们的运动健儿们，为我们的勇士们，加油呐喊！预祝本届秋季运动会取得圆满成功！

致辞佳句

青春追逐梦想，拼搏创造奇迹。

年轻健儿显身手，时代骄子竞风流。

超越重力加速度，创立人生新高度。

今天的你们英姿飒爽，今天的你们朝气蓬勃，今天的你们一马当先。

不为鲜花的围绕，不为刹那的荣耀，只有执着的信念，化作不停的奔跑。

你们是体育场上游走的火焰，是来去不息的脚步，是风中飞舞的树叶折射出的金色光芒！

体育兴，事业兴。

生命在于运动，成功在于拼搏。

把汗水变成珍珠，把梦想变成现实！

踏上跑道，是一种选择；离开起点，是一种勇气；驰骋赛场，就是一种胜利！

健体魄，强素质，重参与，展风采。

运动会闭幕式

运动会闭幕式的召开，预示着运动会的结束。运动会闭幕式上的领导致辞，通常包括回顾本次运动会的成绩和亮点，总结比赛过程中的经验和教训，强调发扬拼搏奋斗的体育精神，锻炼强健的体魄，同时感谢参赛选手、工作人员以及观众的支持和付出等。

范 文

致辞场合：＿＿＿＿＿中学＿＿＿＿＿年春季运动会

致辞人：校长

亲爱的老师们、同学们：

＿＿＿＿＿中学＿＿＿＿＿年春季运动会，经过两天激烈而紧张的比赛，在全体师生的共同努力和精诚配合下，圆满地完成了各项比赛任务，即将落下帷幕！

在此，我代表学校向所有参赛运动员表示衷心的祝福！向在本次运动会上取得优异成绩的团队和个人表示热烈的祝贺！向为大会提供优质服务的裁判员们表示衷心的感谢！

在两天的运动会中，我校全体师生积极参与，共同演绎了"更高、更快、更强"和"友谊、和平、进步"的奥林匹克体育精神，进一步繁荣了我校"激情、超越、快乐"的体育文化。全校

_____支代表队_____多名运动员参加了_____个体育竞技项目的角逐，展示了我校师生强健的体魄和蓬勃向上的精神风貌，取得了精神文明和体育成绩的双丰收。

同学们，体育是激情快乐、超越自我、顽强拼搏、迸发友谊的化身。在"健康第一"等理念深入人心的今天，科学的体育运动是带给我们幸福人生的重要因子。在本次运动会上，运动员们用实际行动告诉我们，运动场上没有失败者，参与就是成功、坚持就是胜利。不管是倒在田径场上，还是步履蹒跚着到达终点，你们都是胜利者！

同学们，本次运动会的各项比赛虽然结束了，但人生舞台上的各种比赛还在继续。一个拥有健康身体和良好心态的人，一个坚信参与就是成功、坚持就是胜利的人，才是人生赛场上的冠军！希望大家坚定理想信念，加强品德修养，弘扬奋斗精神，做好每一件事，过好每一天！

最后，衷心祝愿所有师生都拥有强健的体魄、美好的心境、健康的心态以及充沛的精力，共同创造_____中学的美好明天！

致辞佳句

体育运动可以培养我们的意志力，而意志力不仅仅是体育魄力的体现，更是我们成功的要诀。

运动会是短暂的，赛场上的胜负是暂时的，但自强不息的精神是永恒的。

人最大的对手是自己，战胜自我、超越自我、自强不息、追求卓越是人类追求的永恒主题。

用快乐的心境去参与运动，用幸福的心态去享受成长的快乐。

充分享受运动的快乐，激发生命的张力，做幸福人生的主宰，让生命之树常青，让生命之花怒放。

希望大家能够珍惜这次运动会的经历，将拼搏精神和团队合作的意识带入日常学习和生活中。无论是在运动场上还是在课堂上，我们都应该保持积极向上的态度，勇往直前，追求卓越。

5

地方性节日闭幕式

地方性节日闭幕式致辞是节日仪式正式结束的标志。这种闭幕式上的领导致辞，一般包括总结地方性节日期间所呈现的活动和地方特色，举行节日的收获及意义，表达对来宾朋友的感谢，等等。

范 文

致辞场合：_____县首届手工艺文化节

致辞人：县领导

尊敬的各位来宾，朋友们：

　　大家晚上好！此刻，我们欢聚在这里，隆重举办我县首届手工艺文化节闭幕式。首先，请允许我代表县委、县政府向辛勤组织本届文化节的各位同志，向为我们展示了精彩手工艺表演的农民艺术家们，表示衷心的感谢！

　　我县历史文化悠久，拥有众多宝贵的非物质文化遗产，手工艺制作技术便是其中的一项。随着市场经济的发展，区域交流的加强，我县手工艺制品已开始逐步走向市场，受到了大家的欢迎和喜爱。为进一步弘扬我县传统文化，开拓手工艺品市场，我们举办了首届手工艺文化节。

　　此次手工艺文化节历时_____天，参与人数超过_____人，可谓热闹非凡，这为我县今后的手工艺文化节的举办开了个好头。

本次文化节上展出了众多精美的手工艺品，其中包括_____、
_____、_____等。农民艺术家们精彩的手工艺制作表演吸引了众多游客前来参观，充分展示了我县手工艺品制作的独特魅力。

另外，文化节上还举行了具有浓郁地方特色的歌舞表演，既展示了我县人民的精神风采，又加强了我们与各参会地区的交流。经过这次文化节，已有多家企业及收藏馆向我们表达了合作的意愿，县委、县政府也将提供更加便利的条件，为推动我县
"_____，_____"的发展目标而继续努力。

朋友们，此刻，我县首届手工艺文化节就要落下帷幕了，再一次感谢各位来宾和朋友们的光临和捧场，也希望各位以后能继续关注我县的手工艺文化，关注我县的经济发展。我宣布，我县首届手工艺文化节胜利闭幕！谢谢大家！

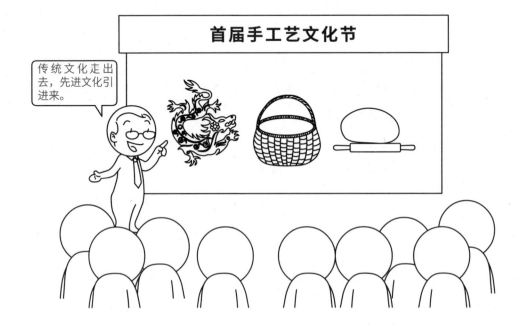

致辞佳句

_____是我们联合各方力量精心筹划的一项重要文化活动，旨在传承和弘扬我们地方的优秀传统文化，彰显地方的独特魅力。

在准备的过程中，我们秉持着对地方文化的敬意和热爱，全力打造了这场丰富多彩的文化盛宴，希望能让更多人了解、喜爱和传承我们的地方文化。

我们通过各种形式的演出、展览和互动活动，向大家展示了我们独特的文化风俗，希望借此机会，促进与其他地方的文化交流和融合。

地方文化不仅是我们自身的骄傲，更是我们推动地方发展的重要力量。

这次_____节是一个向世界展示_____文化的窗口，是一个让_____与世界近距离接触的平台。

第二章

欢迎会、欢送会致辞

① 欢迎会致辞万能模板

一、开场称呼

各位来宾，各位朋友

各位领导，各位专家、同事们

各位新同事

二、表达欢迎

正值清秋时节，金风送爽，丹桂飘香。我们有幸迎来了尊贵的客人，欢迎_____！

今天我为能有在座多位新同事的加入而感到高兴。你们的加入为公司注入了新的血液，增添了新的希望，我谨代表_____的全体员工对在座的各位表示热烈的欢迎！

（适用于新员工欢迎会）

在_____的新形势下，在_____发展的关键时期，在这个美好而温馨的夜晚，我们非常高兴地迎来了_____。

（适用于上级领导、考察团欢迎会）

三、介绍主办方

_____创立于____年，主要产品是_____。公司经过短短____年的发展壮大，形成了以＿＿＿＿为核心的＿＿＿＿企业集团，包括＿＿＿＿等多家企业，产品涵盖了＿＿＿＿等多个品种。企业占地从当初的＿＿＿＿，发展到如今的＿＿＿＿；从业人员从当初的＿＿＿＿，发展到现在的＿＿＿＿；企业产值从当年的＿＿＿＿，发展到如今的＿＿＿＿。

几年来，公司多次获得＿＿＿＿等多项荣誉和奖励，我个人也荣获＿＿＿＿等多项荣誉。

公司正在实施持续创新、资本运作和品牌提升三大战略，我们希望通过执行人才引进计划、员工成长计划，使人力资源成为＿＿＿＿实现发展战略、发展目标的重要支撑力量。

（适用于新员工欢迎会）

四、表达感谢

今天，＿＿＿＿来我区指导工作，对我区的＿＿＿＿事业是一种很大的鼓励和鞭策。

（适用于上级领导、考察团欢迎会）

今天，我们有幸邀请到了许多知名人士和行业专家，他们在各自的领域取得了杰出的成就，他们的到来将为我们提供许多宝贵的建议。在此，我代表全体员工对各位嘉宾的出席和支持，表示最诚挚的感谢。

（适用于考察团欢迎会）

各位领导，我公司虽然取得了一点成绩，但和我们的远大的目标相比，和各级领导的要求相比，与其他先进兄弟企业相比，我们的进步空间依然很大，需要做的努力还有很多。

（适用于上级领导欢迎会）

在当前＿＿＿＿发展格局下，各位领导再次来到＿＿＿＿进行视察指导，为明晰公司未来的发展战略起着重要的指导作用。＿＿＿＿将在未来的发展过程中，坚持以＿＿＿＿为目标，不断加强自身能力建设。

（适用于上级领导欢迎会）

今天，尊贵的客人光临，更是让我们如坐春风，如沐春雨，如逢甘霖。感谢你们，是你们给我们带来了象征幸运、吉祥的橄榄枝，让我们充满了希望，也是你们，给我们的希望插上了翅膀，让我们的梦想一步步走向现实。

五、结束语：再次表示欢迎和感谢

最后，我们对各位领导的指导再次表示感谢，欢迎各位以后经常莅临指导。

我们真诚希望_____提出更多宝贵意见，推动_____工作迈上新台阶。

最后，我再次代表_____对_____的到来表示诚挚的感谢！谢谢大家！

② 欢迎考察团参观学习

商务考察，一般是以实现建立联系、经验交流、技术转移、对口合作等为目标的考察活动，是企业经营中一项必不可少的商务活动。在欢迎考察团的领导致辞中，尤其要注意强调加强双方联系，促进商务合作的宗旨。

范 文

致辞场合：_____公司考察团欢迎晚宴

致辞人：公司领导

尊敬的各位来宾，各位朋友：

大家晚上好！

首先欢迎_____考察团来到我们公司进行参观考察。在这里，我代表_____（公司）对各位的到来表示热烈的欢迎！

本次考察是双方展开友好合作的开始，考察团的到来定会为我们与贵公司之间的跨国合作奠定坚实的基础。众所周知，_____（公司）在近几年中有着很好的发展，占据着可观的国内市场。伴随着经济全球一体化的发展趋势，_____（公司）积极参与国际竞争与合作，开拓国际市场。

很荣幸我们的产品受到贵公司的青睐，贵公司也是_____领域的著名公司，有着很高的声誉和地位。如此次能够达成合作，对双方的发展而言都是一次难得的机会。我相信经过此次的参观交流活动，定会让我们两家达成愉快的合作关系。我衷心地希望我们能携手并进，同舟共济，共创辉煌！

　　最后，我代表＿＿＿＿＿＿（公司）再次对考察团的各位朋友的到来表示真诚的欢迎，希望大家能在这里度过一段美好的时光！祝各位考察顺利、圆满、愉快！

致辞佳句

我们期待与贵公司建立友好的合作伙伴关系，携手并进，共创美好未来。

我们热烈欢迎中外企业家、商界精英和其他各界人士来我市考察、投资。

为了便于考察团的各位朋友对_____有一个初步的了解，我先简单介绍一下_____的基本情况。

我真诚地希望通过这次的考察活动，能够进一步密切双方联系，架起友谊桥梁，为_____的共同目标，携手奋进。

盛夏时节，百花争艳。我们有幸邀请到_____考察团的各位朋友到_____进行考察交流活动，这是我们公司的一件大喜事。

我们将以此次考察活动为契机，进一步加大新产品研发力度，积极拓宽外部市场，不断强化内部管理，努力使公司的产品质量和销量跃上一个新的台阶！

我们将以这次考察活动为契机，相互学习，借鉴各方面的先进经验，取长补短，开拓创新，不断强化员工业务技能培训，建设一支业务精良、纪律严明、作风高尚的员工队伍。

在今后的发展中，衷心希望两地进一步加强交流与合作，增进友谊与了解，携手并进，共创繁荣。

_____考察团的到来，是我们相互学习、共同借鉴、增进友谊的一次难得的交流机会。

我们要站在更高的层面，以面向未来的眼光，审视两地之间的合作，不断加强沟通与交流，寻找更多的机会深入合作，努力开创合作共赢的新局面。

3

欢迎上级领导视察

领导视察是一项非常重要的活动，这种场合的欢迎致辞尤其要注意这几点：措辞要慎重，表达尊重和感谢，但也不要过分扭捏；语言要准确，不可信口开河；感情要真挚，得体地表达下级单位的立场和原则。

范　文

致辞场合：_____上级领导莅临视察欢迎会

致辞人：公司领导

尊敬的各位领导、各位专家，同事们：

大家上午好！

在这金桂飘香、秋风送爽的美好时节，_____的各位领导及专家莅临_____。我代表_____，对各位的到来表示热烈的欢迎！对你们长期以来的关心和支持表示衷心的感谢！

自____年____月____日各位领导首次视察指导_____的运营情况以来，公司经过了____年的成长。各位领导的信任、鞭策和鼓励，使得公司能够不断开创新的局面，在_____等领域取得了阶段性成果！

在当前_____行业市场发展格局下，各位领导再次来到_____进行视察指导，为明晰公司未来的发展战略起到了重要的指导作用。＿＿＿＿＿将在未来的发展过程中，坚持以＿＿＿＿＿为目标，不断加强自身能力建设，不断巩固＿＿＿＿＿成果，充分发挥＿＿＿＿＿的特色优势，绝不辜负各位领导寄予的厚望。

＿＿＿＿＿将以这次视察为契机，认真听取各位领导对＿＿＿＿＿发展提出的宝贵意见和建议，进一步发扬开拓创新精神，不断完善企业的发展模式，加速推进企业的发展进程，规范企业流程，实施标准化管理，确保各项工作都能够达到规范化、科学化、程序化。

最后，我再次代表＿＿＿＿＿对各位领导的到来表示诚挚的感谢。谢谢大家！

致辞佳句

今天，各位领导及专家莅临我司指导评估_____工作，是对我们的莫大鼓舞和鞭策。我们诚挚地希望各位领导、专家多提宝贵意见，促使_____再上新台阶。

我们会继续加强制度建设和团队建设，建立起制度健全、权责明确、协调通畅、利于创新的企业标准化工作机制，不辜负各位领导的厚望。

我司的发展离不开上级领导的关心和鼓励，更离不开_____的支持。我们真诚地希望通过这次考察，能够实现我们在多个领域的长久合作。

今天，_____领导一行亲临_____调研指导，既是对_____基础工作的一次检阅，也是对_____各项工作的有力促进。我们将严格按照_____的要求，求实创新，锐意进取，狠抓落实，扎实苦干，努力把_____工作提高到新水平。

期望调研组的各位领导、专家对_____工作提出宝贵意见，多给予支持和鼓励，尤其是在_____方面多给予倾斜，也欢迎大家在工作之余常来做客。

在您一如既往的支持下，我们有理由相信，在未来的旅途中，_____会走得更远、更稳、更好！我们将以更卓越的成就和新的突破来回报您的支持和厚爱。

④

欢迎新员工入职

新员工入职欢迎会上的领导致辞，既要对新员工的到来表示热烈欢迎，鼓励新员工积极融入团队，努力工作，也要简单介绍一下企业的发展历程、核心价值观以及团队文化等，以帮助新员工更好地了解公司的使命和愿景。

🗒 范　文

致辞场合：_____公司迎新会

致辞人：人力资源部负责人

各位新同事：

恭喜你们成为_____的一员，我代表公司的全体同仁对各位的加入表示最热烈的欢迎！

听了大家刚才的自我介绍，我相信在经过层层筛选和激烈竞争后，能够加入_____这个大家庭，大家都有着非常过硬的实力，这也是目前集团急需的。你们的到来必将给_____带来新的希望，增添新的活力。

从今天起，你们将走向新的工作岗位，成为我们这个大家庭的一分子。作为正式员工，你们需要尽快适应新的工作环境和公司氛围，正确处理好上下级及同事之间的关系，更好地融入团队。

从今天起，大家将在相互信任和相互理解的基础上，共同度过我们在公司的岁月。这种理解和信任也是我们愉快合作的桥梁和纽带。

在这里，只要你用心描绘，一定可以绘出最美妙的蓝图。公司将尽力为你们每一个人提供公平发展的平台，也希望你们每一个人都能够全身心地投入自己的精力和才智来回报公司。

进入公司并不就意味着高待遇，公司是以能力大小、贡献多少决定报酬和待遇的。当然，机会是平等的，只要你努力工作，你的领导就会慢慢了解你、赏识你、信任你。你们要增强团队意识和合作精神，掌握基本的工作技能，尽快地进入角色，胜任自己的工作，提高工作业绩，为公司也为自己创造更大的效益。

此外，你们也要具备相当的承受能力和抗压能力。公司的各项制度和管理，有些可能会存在一定程度上的不合理，公司也会接受大家的意见和建议，并不断地进行修正，逐步完善。但在正式修改之前，我们还需要严格遵照执行。

最后，希望大家在今后的工作中，学习愉快、合作愉快、生活愉快！谢谢大家！

英才得展，大展宏图。

致辞佳句

有付出才会有回报，有忠诚才会有信任。

希望每一位新同事都能尽快地融入＿＿＿＿＿＿，成为＿＿＿＿＿＿不可或缺的一分子。

我们会为大家提供一个公平、公正、公开的竞争环境，致力于为大家搭建一个没有天花板的舞台。

你进入的是一个充满活力和希望的团队，你面临的是充满挑战与机遇的工作。

努力是你永远需要保持的状态，每一次正确的行动，每一滴辛勤的汗水，每一次积极的沟通，每一个理解的笑容，每一项工作的圆满完成，都会加快你的成长。

一个优秀的企业少不了一群优秀的员工，希望大家都能够全心全意地融入工作中去。

希望在以后的日子里，大家把工匠精神、精品意识树起来，把工作当成事业去追求、去奋斗，为公司的发展贡献自己的一分力量。

5

欢送毕业生离校

举办毕业欢送会，是为了向即将毕业的学生们道别，也是为了给他们留下难忘的回忆。欢送会上校领导的致辞，既是为学生们的一段学习生涯画上句号，也是为了让他们带着同学、老师、学校的祝福更好地起航。

范 文

致辞场合：_____大学_____届毕业欢送会

致辞人：校长

亲爱的同学们、老师们、家长们：

大家好！

今天是在座每位同学都值得铭记的特殊日子，我们齐聚一堂，为____届毕业生举行欢送会。在此，我代表学校，向圆满完成学业的毕业生们表示热烈的祝贺！并借此机会，向悉心培育你们的老师们，向辛勤养育你们的父母们，表示诚挚的感谢和深深的敬意！

有人问我，大学所学，是否有用？我一直觉得，理工科的学习会让你的事业有一个保底，而人文社科的学习，会为你的成就打开天花板。

毕业以后，进入社会，我们可能记不清什么是洛必达法则，但数学思维却在工作中时刻发挥着作用。我们可能想不起康德、黑格尔都说了什么，但大学形成的人生观、价值观却左右着我们的未来。我们可能已经分不清哪个教授讲了哪些内容，但他们的言传身教已经融入我们的血液里。同学们，请放心，大学的学习是我们未来终身学习的基础，你所学的都有用！

有人问我，步入社会最大的转变是什么？我想，最大的转变应该是完成一个学生到青年的转变。学生的主要任务是学习，但青年则意味着要承担责任。我们最需要的心态是合作，要学会和不同领域、不同类型的对象合作，合作完成课题，合作开创公司或者合作建立美满的家庭。合作意味着责任，意味着担当，未来的人生，我们还有很多的东西要学。

最后，我想说的是，奋斗的路上要想起_____（大学名），要想起你的四年所学。愿你们前程似锦，未来可期！

致辞佳句

牢记师长教诲，珍惜同学情谊，怀着对母校的感恩之情，与祖国共命运，与时代同呼吸，传承党的红色基因，身体力行，将母校的文化传播到世界的每一个角落。

逐梦远行，终将离别，摊开时间的手掌，已然又是一年夏天，转眼间_____届毕业生也将背起行囊，开启新的征程。

崇高的理想信念是人生的精神支柱，将来你们会在不同的工作岗位，有着不同的境遇，面临不同的挑战和诱惑，希望你们秉承校训精神……

德者事业之基，希望你们见贤思齐，坚持以诚实、诚信为准则，至诚高节，坚韧不拔，不断提高人生修养。

在社会的大课堂中，机遇与挑战并存，合作与竞争同在，希望大家能够牢固树立终身学习的理念，进一步增强自身的综合实力。

把学习当成一种习惯，把感恩当成一种责任，把诚信当成一种力量，把奋斗当成人生的姿态！

第三章

节日活动致辞

节日致辞万能模板

一、开场称呼

各位员工

全体员工朋友们

同志们，朋友们

老师们，同学们

二、表示欢迎和感谢

在这个充满欢乐祥和的_____节到来之际，我代表_____向大家表示热烈的欢迎和衷心的感谢。

在这个特殊的日子里，我们高兴地迎来了_____组织的慰问演出团。首先请允许我代表_____向不辞辛苦、风尘仆仆赶赴新区为我们送来慰问的_____表示衷心的感谢！并通过你们，向一直以来关心支持_____发展建设的_____表示诚挚的谢意！

三、节日活动的背景介绍

_____节作为_____最重要的节日，象征着团结、友爱和希望。我们举办这次活动，旨在弘扬_____的传统文化，增进友谊、加强团结，同时也为大家提供一种欢乐、舒适的节日氛围。

今天是"五一"国际劳动节，是我们劳动者自己的节日。

（适用于劳动节）

尊老敬老是我们中华民族的传统美德，九九重阳凝聚了中华民族千秋万代"老吾老"的浓浓深情和生生不息的民族风范。

（适用于重阳节）

（对节日活动背景的介绍，一般包括活动的起源、发展和意义等）

四、节日活动的内容及流程介绍

今天的活动丰富多彩，包括_____等多个环节。我们将由专业团队精心策划和准备，确保活动的顺利进行。

（节日活动内容一般包括节目表演、互动环节、美食分享等；节日活动流程主要包括重要环节的时间安排）

五、回顾过去，展望未来

成功代表过去，我们更要面向未来。我希望全体干部职工一定要认清形势，明确自己肩负的历史使命，紧紧围绕_____的中心任务，在改革、创新、发展的实践中，在各自的工作岗位上，以忘我的热情、昂扬的斗志，发挥出团队的战斗力，投入项目部新一轮发展的宏图伟业中去。

新形势下，公司的发展将面临更加严峻的形势和挑战，还有很多"硬骨头"要啃，还有很多"坎"要跨，这些都离不开各位老领导、老同志的关心和支持。在这里，我也衷心希望你们在公司今后的发展中一如既往地给予大力的支持、关心和指导，为_____崛起，为实现我们共同的梦想而奉献更大的力量。

（适用于重阳节）

六、表达节日祝福并再次表示感谢

衷心祝愿大家_____节快乐！愿_____勇往直前，再创辉煌！

最后，我要感谢在座的每一位的到来，你们的参与让这个活动更加完美。同时，我也期待着未来有更多这样的活动能够举办，让我们共同创造更多的欢乐时刻。祝大家_____节快乐！谢谢大家！

最后，我要对所有的表演嘉宾表示感谢，你们的精彩演出让这个节日充满欢乐和惊喜。同时，我也要感谢每一位参与者，是你们的热情和支持让这个活动更有意义。衷心希望大家在这里度过一个难忘的_____节。

春节

春节是中国人最为重要的一个节日，是集除旧布新、拜神祭祖、祈福辟邪、亲朋团聚、饮食娱乐为一体的民俗大节。企业领导在春节这样一个特殊时刻的致辞，需要表达出对企业取得的成绩的肯定，并对员工的付出表达感激和祝福之情。

范文

致辞场合：＿＿＿＿＿＿公司春节联欢会

致辞人：公司董事长

尊敬的各位来宾，各位同事：

瑞雪迎春，红梅贺喜。值此辞旧迎新之际，我谨代表公司董事会、监事会和所有股东向辛勤工作在各岗位的全体员工以及关心、支持公司发展的各位领导，致以衷心的感谢和新年的祝贺！

回顾过去的一年，公司在全体员工的共同努力下，各方面工作都取得了不错的成绩。各个部门严格管理、明晰责任、尽心尽力，使公司展现出团结一心、积极向上、高效务实的良好工作氛围，管理水平日趋成熟，员工技能也逐日提高。

新年的钟声已经敲响，我们必须认清，未来的市场形势依旧严峻。我们要继续紧抓市场、强化管理、增强企业的凝聚力，用更加饱满的热情和坚定的信心，保证公司健康、稳定、持续地发展。

新的一年，我们要紧抓市场，强化竞争意识。首先，公司的每一位员工都要强化竞争意识，通过对市场的分析，理智地执行占领市场的策略；其次，还要依法经营，透彻地研究国家的法律法规，在法律法规允许的范围内建立最符合市场规则、最有效的市场运行机制；最后，根据最近几年的海外市场调查结果，积极开拓新的国外市场。

新的一年，我们要继续强化经营管理，增强决策的执行力度。要通过加强管理来降低成本，增加公司利润；要加强对财会部门的监督与管理，严格监控公司资金的流向与用途；要加强公司管理团队的建设，加大员工培训力度。

新的一年，我们昂首向前，机遇将演绎更璀璨的未来，创新将成就更夺目的伟业。让我们用坚韧不拔的意志和与时俱进的精神，认清形势，抓住机遇，创造新的辉煌！

最后，衷心祝愿全体员工及家属，新年快乐，阖家幸福，万事如意！

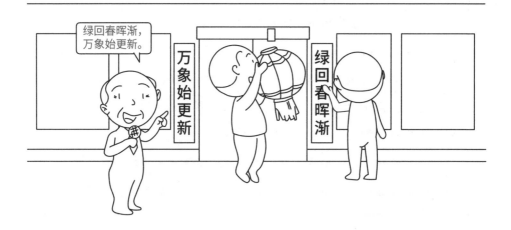

致辞佳句

承继辉煌辞旧岁，锐意进取谱新篇！

随着璀璨阳光的到来，我们告别了充满挑战、奋发有为的_____年，迎来了充满希望、奋发进取的_____年！

站在新的起点上，我们携手一致，共同展望_____的奋斗目标和发展蓝图。

新年的阳光是扬帆起航的呼唤，更是催人奋进的号角。风起扬帆时，能者立潮头！同事们，让我们一起努力吧，在新的征程中乘风破浪！

让我们满怀信心，开足马力，奔向更加辉煌的_____年！

宝剑锋从磨砺出，梅花香自苦寒来。展望_____年，号角催人奋进，机遇蕴含精彩，机遇与挑战并存，困难与希望同在。

新的一年开启新的希望，新的蓝天承载新的梦想。

我们坚信，新的一年，新的希望，新的耕耘，我们会在竞争中求得发展，在探索中求得进步！

3

植树节

3月12日植树节，是为激发人们爱林、造林的热情，促进土地绿化，保护人类赖以生存的生态环境，通过立法确定的节日。学校领导发表植树节活动的致辞，旨在倡导绿色行动，帮助学生增强环保意识。

范 文

致辞场合：_____小学植树节活动

致辞人：小学校长

尊敬的各位老师，亲爱的同学们：

大家早上好！

"一年之计在于春"！春天是万物复苏的季节，春天更是播种的季节，这时候阳光明媚、水分充足，是种植花草树木最好的日子。所以，国家把每年的3月12日定为"植树节"。在这一天，很多人都会到公园、树林里种植小树。

大家都知道，树木和绿地是天然的蓄水池，是天然的氧吧，能有效地防止水土流失，能净化我们的生存环境。而在浩瀚的宇宙中，迄今为止能让人类赖以生存的也只有地球。但由于人类乱砍滥伐，乱扔垃圾，乱排废气，地球上的植被在逐渐减少，导致土地沙漠化，全球气温上升，地球母亲千疮百孔！

澳大利亚持续半年不受控的凶猛丛林大火，南极首次测得超过20℃的高温，北极甲烷爆发，还有加拿大纽芬兰暴雪冰封、伊朗雪崩、菲律宾火山爆发、印尼洪水等，无一不是环境问题所致。人类对大自然无休止地破坏，最终是会遭受惩罚的。

可喜的是，环境问题已经引起了全球人们的关注，我们国家更是进行了声势浩大的退耕还绿、植树造林工程。相信不久，天会更蓝，草会更绿，水会更清，我们眼睛里的世界会更美！

作为小学生，又能做些什么呢？为此，我向全体同学发出倡议，要求大家从身边的每一件小事做起，做一个"爱绿""护绿"的小天使。让我们弯弯腰随手拾起地上的垃圾，养成良好的卫生习惯；不穿越绿化带，不踩踏草坪，保护身边的一草一木；减少一次性筷子的使用；离开无人的教室时，随手关好电灯；离开洗手间时，自觉关好水龙头；劝阻不文明的破坏环境的人……

植树造林，保护人类赖以生存的生态环境，是每个公民应尽的义务。同学们，让我们行动起来，用爱心去关注环境的变化，用热情去传播环保的理念，用行动肩负起环保的重任，让文明之花在校园中灿烂盛开！

致辞佳句

中华民族自古就有"爱树""育树"的传统，我们爱白杨的挺拔，爱垂柳的柔美，爱松树不屈的风骨。

绿是自然的本色，象征着生命，象征着理想和希望。"植树，爱绿，护绿"，是全人类义不容辞的责任。

一片叶也会投下一抹绿荫，一棵草也能唤起春的气息，让我们像爱护自己的眼睛一样，珍惜每一片绿。

春天孕育生机，绿色代表希望。种下一棵小树，许下一片希望。

人人栽，年年栽，代代栽，栽出点点新绿，栽出片片生机，栽出不断扩大的生存空间，栽出一望无际的森林之海！

三月是春暖花开的日子，三月是万物复苏的日子，三月更是植树造林的日子。

教师节

教师节作为一个专门感恩老师的节日，校领导讲话的意义在于表达对老师的敬意与感激，鼓励老师加深与学生之间的师生情谊，激励老师提升教学质量，从而推动教育事业的发展。

范 文

致辞场合：_____校教师节聚餐会

致辞人：校长

尊敬的各位领导，亲爱的各位老师：

大家好！

今天，在这个隆重的日子里，我们欢聚在这里，共同庆祝这个真正属于我们自己的节日。在此，请允许我代表学校各级领导，向默默耕耘、辛勤工作的广大教职工们，致以节日的问候！向为学校的发展、学生的成长，呕心沥血、恪尽职守的每一位老师，表示最衷心的感谢！感谢大家一年来做出的卓越贡献！

所谓百年大计，教育为本。我们民族振兴的希望在于教育，而振兴教育的希望在于老师。多年来，我校在艰苦的办学条件下携手互助，团结奋进，历经_____年的风风雨雨。我们克服了重重困难，为国家培养了一批又一批出色的管理人才和技术人才，造就了一支学术水平高、业务能力强的教师队伍。

今年我们又一次实现了历史性跨越，新校区初具规模，专业特色鲜明，新生生源充足，使在校学生人数达到_____人以上，成为全国一流的院校。

实践证明，"_____"是我们的立校之本；全体员工不畏辛苦、无私奉献所形成强大的凝聚力，是我校不断发展的原动力。可以说，没有全校老师不辞辛劳的付出，就没有我校蒸蒸日上的今天。在这里我要郑重地道一声：大家辛苦了！人民教师辛苦了！

在这幸福、温馨而又激动的时刻，我的脑海里涌现出一幕幕感人的画面：夜幕降临，我们的老师还在备课、批改作业，呕心沥血；高温酷暑，我们的老师还在维修、搬运桌凳，汗流浃背；有的老师工作中无论怎样繁忙，生活中不管有多少烦恼，总是面带微笑走进课堂……

讲台上的激昂慷慨，书桌旁的循循善诱，校园里的谈笑风生，家访时的苦口婆心……每一位老师的背后都有着一段段感人的故事，每一名学生的成长都饱含着老师的深情。在这美好的节日里，我衷心祝愿各位老师节日快乐，身体健康，万事顺意！

致辞佳句

　　教师是人类灵魂的工程师，是阳光下最光辉的职业。一个人遇到好老师是人生的幸运，一所学校拥有好老师是学校的光荣，一个民族涌现出一批又一批的好老师则是民族的希望。

　　教育是人类最崇高的事业，人们常把教师比作蜡烛，比作春蚕，比作园丁。没有任何一种职业，能在一个人身上留下这么深刻的印记；没有任何一种职业，能对人的灵魂产生这么大的触动；没有任何一种职业，能对人类产生这么深远的影响。

　　每个人都有自己的老师，每个人都深感师恩难忘，让我们在教师节一同献上崇高的敬意和诚挚的祝福。让我们同舟共济，携手前行！

　　希望每一位教职工都要有目标，有目标，工作才会有激情，才会有动力，才会让我们的生命充满灵动。我们既需要脚踏实地，更需要仰望星空。

5

国庆节

10月1日国庆节，代表着国家的独立和崛起，是全国人民共同欢庆的日子。这一天，人们通过各种庆祝活动为祖国母亲庆生。这些活动上的领导致辞需要表达出对国家的热爱与祝福，展现人民的团结和凝聚力等。

范 文

致辞场合：_____公司国庆晚宴

致辞人：公司总经理

尊敬的各位来宾，各位同事：

大家好！

在这秋高气爽的收获季节，我们迎来了伟大祖国_____周年华诞！_____年栉风沐雨，拥有五千年灿烂文明的古老国家获得了新的生命力；_____年砥砺奋进，中华巨龙不断崛起，创造了一个又一个奇迹；_____年红旗漫卷，浩浩江河奏响祖国高歌前行的华彩乐章，巍巍长城见证神州日新月异的千变万化。新时代中国特色社会主义建设事业正以"风景这边独好"之势吸引着世界的目光！

在这国庆佳节来临之际，我谨代表公司预祝全体员工节日快乐，敬请各位员工注意节日交通安全、财物安全，节后以最佳的精神状态投入公司火热的工作中去。同时，我要对节日期间需要进行加班工作的员工表示衷心的感谢。正是不计个人得失的你们，构成了新时期公司能够战胜一切困难的中坚力量！

　　公司是每一位_____人倾注感情和心血的家，也希望会有更多的家人为它的发展献计献策、贡献力量！我们有着辉煌的昨天，明天也一定会更加充满生机和希望。如今我们面临着新形势、新任务，我们只有大胆改革，勇于开拓，才能续写美好的今天。我们有理由相信，_____有大家的共同努力，一定能够战胜各种困难，并以此为起点，揭开新的发展篇章，实现新的历史跨越，与时俱进，再创辉煌！

　　窗外秋风送爽，情浓意切，大家的心情在此刻也无比的激动和快乐。愿你们假日期间放松身心，并向你们的家人带去我美好的祝愿！谢谢大家！

致辞佳句

金秋十月，有着唱不完的颂歌，一页页日历，记载着改革开放的累累硕果；金秋十月，有着道不尽的祝贺，一步步征程，闪烁着华夏儿女的汗水心血。

让我们为十月的祖国，为祖国_____周年华诞，同心祝福！愿我们伟大的祖国繁荣昌盛，与日月同辉！

迎着朝阳，披着霞光，鲜艳的五星红旗在高亢的国歌声中冉冉升起。它飘扬着，飘在九百六十万平方千米的土地上空，飘在所有中国人的心中！

春华秋实，祖国万岁！祝福伟大的母亲，繁荣昌盛，繁花似锦；祝愿伟大的人民，斗志昂扬，幸福安康！

佳节谱新篇，金秋展宏图。让我们齐心协力，奋发图强！

金秋十月，丹桂飘香。让我们在这个美好的季节，共同祝福我们伟大的祖国繁荣昌盛，永远屹立于世界民族之林！

第四章

表彰活动致辞

① 表彰活动致辞万能模板

一、表达对来宾的欢迎，并对活动进行简短介绍

首先我谨代表_____公司，向各位的到来表示衷心的感谢。今天，我们在这里隆重集会，是为了表彰先进，树立榜样！

首先感谢各位的到来，今天我们在这里举行_____表彰大会，旨在表彰那些在过去一年中为公司作出杰出贡献的团队和个人。

二、对团队或个人进行表彰

本次表彰活动，我们将表彰_____团队，他们在过去一年中成功完成了多个重要项目，有_____，为公司带来了显著的业绩增长。他们的努力和付出不仅为公司创造了价值，更为我们树立了学习的榜样。

（适用于企业表彰活动中对团队的表彰）

回顾过去一年来的工作，值得肯定的成绩有_____，尤其是_____，通过不懈的努力，成功完成了多个销售目标，包括_____，他出色的表现得到了公司领导和同事们的一致认可。

（适用于企业表彰活动中对个人的表彰）

有这样一群人，他们在我们看不见的地方默默努力，在我们看得见的地方耀眼绽放。他们是学习上的佼佼者，是我们学习的标兵。

（适用于学习标兵的表彰）

您一心扑在课堂，用高尚的师德，诠释教师的伟大；用一流的教学水平，提升孩子的学习能力。您犹如明亮的北斗星，引领孩子走向美好的未来。您是孩子成长道路上的引路人，是教育事业的中流砥柱！

（适用于教师表彰活动）

三、对表彰活动进行总结和评价

本次表彰活动，我们看到了许多优秀的团队和个人，他们为公司的发展作出了杰出的贡献，这充分证明了我们的公司有着强大的凝聚力和创造力。

（适用于企业表彰活动）

通过这次活动，我们不仅表彰了优秀的团队和个人，更激发了全体员工的工作热情和积极性。我相信，在未来的工作中，我们会更加努力，为公司创造更大的价值。

（适用于企业表彰活动）

今天受到表彰的同学们，在这一年的学习和班级管理等工作中都起到了模范带头作用，也取得了突出的成绩。我衷心希望你们戒骄戒躁，在新学期更加努力地学习，团结同学，再接再厉，再创佳绩！

（适用于学校的表彰活动）

四、结束语

再次感谢大家的参与，让我们期待下一次的表彰活动！

最后，我要再次感谢所有参与本次活动的领导、同事。你们的支持和参与让这次活动更加圆满，谢谢大家！

（适用于企业表彰活动）

同学们，春种一粒粟，秋收万颗子。让我们携起手来，继续加油！谢谢大家！

（适用于学校的表彰活动）

在这个特殊的时刻，让我们致敬最可爱的人，为我们心目中的英雄，献上最崇高的敬意和最热烈的掌声！

（适用于军人表彰活动）

② 优秀员工表彰大会

公司在经历过一段时间的努力和沉淀后，得到了新的收获和新的发展，在此期间也有许多员工带来了突出的贡献和亮眼的表现。领导在表彰大会上的致辞，既是为了给优秀的员工以肯定和鼓励，也是为了给接下来公司和员工的发展提出有建设性的意见。

范　文

致辞场合：_____公司表彰大会

致辞人：公司经理

尊敬的各位来宾、领导，员工们：

大家好！

今天，我们在此隆重地召开表彰大会，对在_____年工作中表现优秀的员工进行表彰，激励公司全体员工发扬奋斗精神，继续在工作中发光发热，为公司带来更好的成果。

首先，我代表_____公司，向受到表彰的优秀员工，表示热烈的祝贺！向参加此次大会的员工和仍然坚守在工作岗位上的同事们，致以诚挚的问候！

在过去的一年当中，我们克服了许多困难，公司的各项业务也逐渐进入了正轨。今天的成绩，是全体员工共同努力的成果，尤其离不开今天参加表彰的有突出贡献的优秀员工。

今天受到表彰的____名员工，每个人都在自己的岗位上默默努力，并且做到了最好，是我们学习的榜样。在他们当中，既有无私奉献、爱岗敬业的老员工，也有灵活思辨、干劲满满的后起之秀；既有在一线踏实苦干的员工，也有在后方强力支撑的干部。

今天给予你们的表彰，是你们努力工作的结果，也是整个公司对你们的付出的肯定。今后的工作和任务有可能会更加艰巨，希望今天得到表彰的个人，要珍惜自己获得的荣誉，戒骄戒躁，始终保持奋发图强的精神，为今后更高的目标而努力。

为了让公司和员工的发展迈向更高的台阶，我在此提出几点建议：

1. 明确工作目标和方向。增强自我竞争意识，在公司新一年的发展中，不断尝试新的发展方向，树立更有效益的工作目标。

2. 有效发挥团队的作用。进一步发挥广大员工的主人翁精神，积极参与到团队的建设当中去，努力创造出高水准的优秀员工队伍。

3. 更新员工激励机制。经常性地举办比拼活动，及时发现表现突出的员工。创建有效的激励机制，充分激发员工的主观能动性和工作热情。

每位优秀员工都在用自己勤劳的双手和实际行动来表现对工作的认真负责，我们要以这些佼佼者为奋斗目标，学习他们勤恳钻研的工作态度，学习他们爱岗敬业的精神，用平凡的双手创造出不平凡的业绩。希望广大员工以此次表彰大会为契机，为实现公司发展的战略目标而努力奋斗！

谢谢大家！

📑 致辞佳句

加倍奋发有为，百尺竿头更进一步。

脚踏实地，真抓实干，大力弘扬企业的奋斗精神。

以先进员工为榜样，尽职尽责，在自己的岗位上作出更大贡献。

展示锐意创新的勇气、敢为人先的锐气、蓬勃向上的朝气。

光荣属于劳动者，幸福属于劳动者。

勤劳、专业、务实、干练是他们的代名词。

③ 抗险救灾总结表彰大会

在面对各种灾害时，有许多个人和集体积极承担应对处置各类灾害事故的社会责任，他们在高压力和高风险当中经受住了考验。领导在抗险救灾总结表彰大会中的致辞，不仅是为了表扬这些先进分子的无私奉献，也是为了总结抗险救灾工作的经验教训。

范 文

致辞场合：_____市抗险救灾总结表彰大会

致辞人：市领导

同志们：

大家好！

今天，我们在这里隆重召开_____市_____年度抗险救灾总结表彰大会，不仅要表彰在救灾工作中涌现出来的先进集体和先进个人，还要总结全市救灾工作取得的重要经验和重大成果。

首先，我谨代表_____市人民政府向长期战斗在抗险救灾第一线的广大干部群众、武警官兵和新闻工作者致以崇高的敬意！也向荣获_____年度全市救灾工作先进集体和先进个人称号的单位和同志们表示热烈的祝贺！向在抢险工作中英勇牺牲的烈士和不幸在灾害中遇难的同胞表示深切的思念和沉痛的哀悼！

为树立典型、鼓励先进，促进全省社会救助事业创新发展，市人民政府决定对_____市民政局等_____个社会救助先进集体和_____等_____名社会救助先进个人予以表彰。希望受表彰的先进集体和先进个人珍惜荣誉，戒骄戒躁，开拓进取，再创佳绩。

在灾难造成的危急时刻和生死关头，人民群众自发开始组织救助工作，各级领导干部也纷纷奔赴一线，同广大军民一起顽强奋战。各个职能部门和单位在灾害发生之前就积极预防，灾害发生后及时为灾区提供交通、电力、医疗和物资等方面的保障。社会各界人士雪中送炭，踊跃捐赠。新闻工作者也不畏艰险，深入一线积极报道救灾情况和英雄事迹，让更多的人关注灾情。

可歌可泣的事迹不胜枚举，但同时我们也要总结经验教训，让救灾工作做得更好，在此我提几点建议：

1.大力普及防灾减灾知识，增强公众的忧患意识、社会责任意识和自救、互救能力。

2.积极开展自然灾害风险调查，了解特定地区灾害发生的规律，并采取相应预防措施。

3.加强监测预报和预警工作，把灾害发生的强度预测得更确切，并采取多种形式发布预警。

全市各级民政部门和社会救助战线上的广大干部职工，要以受表彰的先进集体和先进个人为榜样，继续求真务实，忠于职守，勤勉尽责，巩固发展社会救助工作成果，把各项社会救助政策更好地贯彻落实到位，努力推动全省社会救助事业实现新的更大的发展！

谢谢大家！

致辞佳句

一方有难，八方支援。

哪里最困难，哪里最危急，领导干部就出现在哪里、战斗在哪里。

紧急动员，迅速行动，谱写了一曲气壮山河的抗灾之歌。

从百姓到党员，展示出万众一心、众志成城的强大合力。

大力弘扬和锐意践行伟大的抗洪精神，必将战胜前进路上的一切艰难险阻。

突出贡献奖表彰大会

突出贡献奖表彰大会，是一种为鼓励作出突出贡献和成绩的单位或个人所举办的表彰仪式，同时也是展示成就、激励他人的重要时刻。通过表彰大会，人们可以庆祝成就，同时也为未来注入动力和信心。

范 文

致辞场合：_____公司突出贡献奖表彰大会

致辞人：总公司领导

尊敬的各位领导、各位来宾，亲爱的朋友们：

　　大家晚上好！今天，我们齐聚在这里，共同参与这场庄重而喜庆的颁奖庆典。在这个特殊的时刻，我代表全体组织者向各位嘉宾表示最热烈的欢迎和最衷心的感谢！

　　首先，我要向"年度最佳企业奖"获得者_____公司表示最诚挚的祝贺！你们在过去的一年里，展现出了卓越的才华、认真的工作态度，并取得了出色的成绩。你们的努力和付出，不仅为自己赢得了荣誉，也为整个行业树立了榜样，你们是我们的骄傲！

　　_____公司在过去的一年里，不断创新和进步，取得了优异的业绩和表现，在行业里保持了良好的口碑。这对于行业的发展，起到了一定的推动作用。特别是，在_____后，公司不仅确保了客户订单的及时交付，还承担起社会责任，捐助物资，热心公益。

最后，我们再次祝贺＿＿＿＿公司获得"年度最佳企业奖"，同时也对这个行业里所有的企业、所有参加颁奖典礼的嘉宾致以最诚挚的祝福。让我们举杯共庆，祝愿本次大会圆满成功，愿大家度过一个愉快而难忘的夜晚！谢谢！

尤其是在这段特殊时期，公司不仅确保了客户订单的及时交付，还承担起社会责任……

致辞佳句

这些获奖者，他们虽然平凡，却有着震撼人心的力量；他们虽然朴实，却最贴切地诠释出奋勇拼搏的优秀品质。

我们表彰的目的，是为了形成一种激励机制，促使大家积极向上、奋发进取，鼓励大家学先进、赶先进、超先进，后进赶先进，先进更先进。

你们创新思路、锐意进取、超越自我，一次次用聪明才智和踏实苦干刷新着业绩，在激烈的市场竞争中奋勇争先。你们在市场搏击中创造了骄人的业绩，你们是_____的功臣，为_____的发展建立了不可磨灭的功勋。

能够参与其中，是一种骄傲；能够获奖，更是一种肯定和荣耀。

你们头顶烈日，披星戴月；你们风雨兼程，尽心竭力。你们以主人翁的强烈责任感，挥洒心血、智慧和汗水，为公司作出了振奋人心的突出贡献。

你们是认真拼搏的个人，是团结合作的集体。公司有了你们，才能像今天一样朝气蓬勃、蒸蒸日上。

小舍小得，大舍大得，你们用拼搏的汗水换就的傲人成绩，铭刻了_____的记忆，吹响了理想的号角！

5

高考优秀学子表彰大会

莘莘学子经过寒窗苦读，终于以优异的成绩考进自己的心仪的学校，这些踏实努力、敢于拼搏的学生值得鼓励和嘉奖。在表彰大会上，领导致辞不仅要表达出对优秀学子的殷切期望，还要表达出发自内心的自豪。

范 文

致辞场合：_____中学高考优秀学子表彰大会

致辞人：校长

各位老师，同学们：

大家好！

今天，我们将隆重举行_____中学_____年度高考优秀学子表彰大会，以此表彰在本年度高考中取得优异成绩的学生，激励明年高考的学生砥砺奋进，再创佳绩。

_____年度的高考已经落下了帷幕，携梦苦读的学子们终于迎来了收获的时刻。这次荣获各类表彰的同学有_____名，我首先代表学校向全体老师和全体同学表示亲切的问候，向今天受表彰的同学表示最热烈的祝贺！

_____届毕业生是一群踏实努力、敢于拼搏的学生，他们不惧挑战，力争上游。这一年高考，所有人都付出了心血和汗水，收获了满园的硕果。高三年级有____名学生参加高考，过一本线____人，过二本线____人。他们中有____名学生进步极大，逆袭考上了一本；有____名学生不怕跌倒，通过复读圆梦了"985"院校；还有____名学生一飞冲天，进入了清华、北大等重点院校。他们是____中学的骄傲，是所有_____学子学习的榜样！

回顾这过去一年来的奋斗，每一项成绩的取得都来之不易，其背后都凝聚着全体学生努力的汗水，蕴含着广大教师们的教学智慧，饱含着各级部门的关心。_____中学所获得的荣耀必将浓墨重彩地记下他们的功绩。

我在此还想对全体学子提出几点殷切的期望：

1.希望同学们做德才兼备的前行者，做到坚定信念、情理并重，在为青春奋斗的时候也不忘修身养性。

2.希望同学们做孜孜不倦的学习者，把学习当作一种责任、一种精神追求，不断追求真理，提高与时代发展相适应的能力。

3.希望同学们做志存高远的实干者，牢记自己奋斗的使命，学成之后也要心系家乡，为家乡以后的发展添砖加瓦。

高中三年的备考时光结束，这是人生这一阶段的终点，也是人生下一阶段的起点，"终"的是十载寒窗苦读，"起"的是社会广阔天地。希望你们进入大学后学有所成，做知识高峰的攀登者、国家发展进步的实践者、家乡的代言者，为国家和家乡的发展贡献力量！

谢谢大家！

致辞佳句

只争朝夕的精神，滴水穿石的毅力，永葆"追梦"之心。

刻苦学习，勇于挑战，用青春的热血和汗水，谱写出人生靓丽的篇章。

春意萌生时有你们执着的信念，夏雨飘摇时有你们奋发的身影，秋风萧瑟时有你们殷实的积累，冬雪纷飞时有你们坚定的脚印。

莲子心苦，香却清新，三年奋斗，收获颇丰。

志存高远，刻苦努力，立德修身，明辨笃行。

第五章

工作会议致辞

工作会议致辞万能模板

一、开场称呼

各位同事

各位领导，各位同事

二、欢迎与会者，阐述会议的目的

首先，我要感谢大家抽出宝贵的时间参加这次会议。今天，我们聚集在这里，是为了共同探讨我们团队的发展方向，以及如何更好地实现我们的目标。

今天我们在这里召开_____，是对过去工作的回顾，也是对下一步工作的规划和展望。

三、对团队工作的回顾与肯定

在过去的_____里，我们的团队在各个方面都取得了显著的进步。我们的销售额有了明显的提升，客户满意度也创了历史新高。这离不开我们每一位成员的辛勤付出和共同努力。

过去的一年，是公司发展史上极为重要的一年，是全体员工艰苦奋斗，奋力拼搏创大业的一年。正是有了你们辛勤的劳动和艰苦的付出，_____才取得了今天的成绩，并得到了长足的发展。

（适用于年度工作会议）

经过全体员工的共同努力，与去年同期相比，我们的生产经营实现了双超历史的好成绩，经济效益和社会效益有了大幅度的提高，经济运行质量逐步进入良性循环的轨道，抗风险能力有了保障，企业的发展进入了快车道，为_____年生产经营再突破创造了条件。

四、工作分析与问题指出

尽管我们在一些方面取得了不错的成绩，但我们也必须承认，在某些工作中还存在一些问题。比如，我们的项目进度有些滞后，需要采取更加有效的措施来提高效率。同时，我们也需要更加注重团队合作，共同努力实现我们的目标。

_____发展虽然取得了较好的成绩，但还存在一些亟需解决的问题：_____都有待进一步完善。对于这些困难和问题，需要我们进一步增强全局意识和责任意识，本着对_____负责、对发展负责、对未来负责的态度，勇于创新，迎难而上，把_____事业推向一个新的台阶。

五、团队建设与激励

在这个充满挑战和机遇的时代，我们需要更加紧密地团结在一起，共同迎接挑战。我希望大家加强沟通与协作，相互学习，共同进步。同时，我们也会设立各种奖励机制，对工作表现突出和成果显著的员工给予及时的肯定和奖励。

随着_____项目的上马，_____将站在历史发展的新起点，_____将有计划、有步骤地实行目标管理和责任管理，稳步发展。希望大家明确方向、坚定信心、齐心协力、加快发展，为全面实现公司跨越式发展战略规划和目标而努力奋斗！

六、表达期望与展望未来

我对我们团队的未来充满信心。我相信，只要我们团结一心，共同努力，一定能够实现我们的目标。

我期待着每一位成员都能在自己的岗位上发挥出更大的价值，为团队的共同目标贡献自己的力量。

七、结束语：再次感谢并表达祝愿

再次感谢大家的参与和支持。让我们携手共进，为团队的共同目标而努力奋斗！

最后，我代表＿＿＿＿＿＿＿再次向大家表示衷心的感谢！祝大家家庭幸福、工作顺利、身体健康！谢谢大家！

工作交流座谈会

工作交流座谈会旨在加强领导与员工之间的沟通，增进彼此之间的了解，提高工作效率。这种形式的会议通常由领导主持，员工们则可以在会上提出自己的想法和建议，以便领导能够更好地了解员工的需求和工作情况。

范 文

致辞场合：_____机关工作交流座谈会

致辞人：机关领导

同志们：

大家下午好！

今天我们在这里召开_____机关党建工作会议，主要是总结去年_____机关党建工作，部署今年的工作任务。

刚才，_____同志代表_____做了一个很全面的工作报告，希望大家进一步统一思想认识，并结合本单位的实际情况，扎实抓好各项任务的落实，努力推动机关党建工作再上新台阶。

刚刚过去的一年，是我市全面实施_____发展规划的起步之年。全市上下坚持以科学发展观为纲领，一心一意谋发展，全力以赴促和谐，坚持不懈抓落实，扎实推进经济、政治、文化、社会和党的建设，全市各项工作都取得了新的进展，实现了_____发展的良好开局。

对过去一年_____机关党建工作取得的成绩，市委是满意的，对机关党工委的工作是肯定的。在此，我代表_____向与会同志，并通过你们，向从事机关党建工作的全体同志表示诚挚的问候和衷心的感谢！

今年，是党的_____大、省_____次党代会和市_____次党代会的召开之年，也是深入贯彻落实科学发展观，积极推进社会主义和谐社会建设的重要一年，做好今年的机关党建工作有着很多有利条件。下面，我就做好今年的工作，简要讲四点建议，与大家共勉。

1.以科学发展观为统领，正确把握机关党建工作的基本要求。

2.以构建和谐社会为目标，充分发挥机关党建工作的保障和促进作用。

3.以"开好党代会，迎接_____大"为主线，进一步巩固发展先进性教育活动成果。

4.以转变领导作风为保证，全面落实机关党建各项任务。

同志们，做好今年的机关党建工作，任务光荣而艰巨。我们一定要坚持以邓小平理论和"三个代表"重要思想为指导，紧紧围绕推进科学发展、构建和谐社会两大主题，开拓创新，扎实工作，努力开创机关党建工作新局面，以优异的成绩迎接党的_____大和市第_____次党代会的胜利召开。

致辞佳句

此次交流会是一个相互交流的平台，也是一个加深了解、增进友谊的平台。参加这次会议的同仁们都具有渊博的知识、高深的造诣和丰富的经验，你们的到来和指导是我们的荣幸。

助跑是为了跳得更高，收回拳头是为了更有力地出击，"充电"是为了将来更强。

只要我们在危机面前懂得反思，抓住机遇，就能扬帆起航，奋勇当先！

学做事，就是强化专业技能的学习，就是坚持查漏补缺，干什么学什么，差什么补什么。学做人，就是强化政治素质，提高思想境界，就是绝对讲立场、讲和谐、讲团结，一切从公司大局出发。

3

年终工作总结大会

在年终工作总结大会上，各部门负责人和领导都需要上台发言，以展示企业和部门在过去的一年中所取得的成绩以及所遇到的问题，同时表达对员工的感谢和期望。

范 文

致辞场合：_____公司年终工作总结大会

致辞人：公司领导

各位同事：

大家好！

一年之计在于春，春天是个充满生机和活力的季节。在这个生机盎然的春天里，我们召开这次工作总结大会。

今天的会议主要有两项内容：一是回顾、总结过去一年的各项工作，表彰在各项工作中取得显著成绩的个人及团体；二是安排部署新一年的工作任务，开创新年新局面，夺取首季开门红！

过去的一年，是挑战与机遇并存，困难与希望同在的一年，是我们公司改革发展大步前进的一年，是各项工作取得显著成绩的一年。在全体员工的共同努力下，在各位家属的鼎力支持下，在所有管理人员的科学管理下，我们公司产销首次突破____元大关，掀开了公司发展最为辉煌的一页！

在此，我代表公司，向任劳任怨、不怕苦累，用辛勤汗水谱写企业发展华章的全体员工致以衷心的感谢，向顾全大局、默默无闻的家属们致以诚挚的问候！是你们用智慧的头脑建设了企业的昨天，是你们用厚实的脊背托负起企业的今天，是你们用勤劳的双手绘制出企业灿烂的明天。

新的一年，任重而道远，前进的路上还有很多意想不到的困难。企业的发展离不开大家的支持，企业的繁荣离不开大家的奉献，衷心希望大家能再接再厉，以主人翁的责任感，以勇于创新的进取精神，以精益求精的工作态度，全力投入企业的发展建设中来，为企业的明天献计献策，再立新功！我深信，新一年的发展目标一定会实现，企业因为有大家，一定会变得更好！谢谢大家！

致辞佳句

今天我们在这里召开年终工作总结大会，既是对过去工作的回顾，也是对下一步工作的展望和规划。

去年我们的各项工作都有了新的突破，各项指标全面完成，为实现下一阶段的奋斗目标打下了坚实基础。但是，面对严峻的行业形势，我们面临的困难还有很多，希望大家团结一心，群策群力，艰苦奋斗，确保今年也能出色地完成任务。

＿＿＿＿＿＿年是＿＿＿＿＿＿规划的决战之年，也是进入后危机时代经济复苏的转折之年，更是工作压力较大的一年。

＿＿＿＿＿＿年，我们牢固树立政治意识、大局意识、责任意识和服务意识，团结一致，同舟共济。这一年既是近年来付出汗水、倾注心血最多的一年，又是工作力度最大、采取措施最多的一年。

近一年来，我们迎难而上，负重赶超，各项工作都取得了明显成效。但是，工作中仍然存在一些问题和不足，主要表现在＿＿＿＿＿＿这些问题都有待于我们在今后的工作中认真加以研究，逐步予以解决。

4

产品发布会

产品发布会是企业在新产品即将上市时所举办的公关宣传活动。作为企业领导，在产品发布会上发表的致辞，要充分利用媒体平台的力量，将产品的信息传递给更多消费者，同时为新产品预热，为后续的上市打下基础，并提升品牌在大众心目中的形象。

📑 范 文

致辞场合：_____公司新品发布会

致辞人：公司领导

尊敬的各位来宾，女士们、先生们：

大家下午好！非常感谢大家百忙之中前来参加_____举办的新品发布会。

一直以来，我们视客户的需求为自己最终的奋斗目标，坚持自主创新，不断进取。经过多年的飞速发展，_____在_____领域取得了骄人的业绩和成就，获得多项国家发明专利和表彰。

_____能有今天的成就，离不开在座的各位及广大客户一如既往的支持。

为了多层面、深层次地满足广大客户的需求，_____通过不断努力，再次在_____领域取得了前所未有的突破，成功开发了_____，打破了长期被国外品牌垄断的局面，填补了国内_____领域的空白。

今天，我们将在这里跟大家分享该项产品的技术成果。_____不但把新产品推向世界各地，还积极开展对外交流与合作，现与欧洲知名公司_____建立了长期战略合作伙伴关系，这将进一步提升_____在国际市场的知名度和品牌影响力。

今天，我们还非常荣幸地邀请到来自_____的行业专家，他们将在现场向大家演示_____突破性成果。

借这次机会，我要衷心感谢广大用户对我们公司一直以来的支持与信任。正是因为有你们的支持和信任，我们才能够不断进步，不断创新，从而推出更多优质的产品。

同时，我也要感谢我们的合作伙伴，是你们的支持和帮助，使我们的产品能够更好地面向市场，满足用户的需求。我们将一如既往地为大家开发实用、实惠、能增值的新产品！

最后，请让我再次代表_____感谢诸位的来临，并祝大家身体健康、事业发达！谢谢大家！

致辞佳句

方向比努力更重要，方向引领道路，方向成就未来！

今天我们站在新时代的肩膀上，沐浴着新的艺术文化理念。为了＿＿＿＿＿的可持续发展，＿＿＿＿＿投入数千万资金，耗时＿＿＿＿＿个多月，研制并推出＿＿＿＿＿，开创了＿＿＿＿＿行业的先河。

今天举行的产品发布会，对于＿＿＿＿＿来说更是具有里程碑式的意义，这标志着其品牌战略又实现了新的突破，必将为其全方位经营路线、多元化发展开辟出更为广阔的市场前景。

今天这颗缘分的种子终于开花结果了，能和＿＿＿＿＿结成战略合作伙伴，让我深感荣幸，也满怀信心。同时，希望今天这场新产品发布会，也是在撒播一批种子，让更多的朋友了解＿＿＿＿＿，结缘＿＿＿＿＿，选择＿＿＿＿＿！

5

招商引资洽谈会

招商引资洽谈会上的领导致辞，侧重于介绍当地的投资环境和政策支持，展示自身优势，以吸引更多的投资，促进项目落地，从而推动地方经济的发展和产业升级。

范 文

致辞场合：_____市招商引资洽谈会

致辞人：市领导

尊敬的各位领导、各位来宾、各位商家及考察团的代表：

大家好！

天公作美，昨日的一场大雨让今日的天气凉爽了许多。

今天，我们欢聚一堂，隆重举行了_____招商大会。我谨代表_____向莅临现场的各位领导、各位客商考察代表团，表示最诚挚的欢迎和最衷心的感谢！

我市已进入一个新的发展机遇期。近年来，我市坚持把招商引资作为推进项目建设、增加投资总量、拉动经济增长的重要突破口，建立了政府推动、市场引导、企业主导、社会参与的招商引资新机制，取得了明显成效。自_____年以来，全市对外签约国内合作项目____个，项目协议总投资____亿元，实际累计到位资金

____亿元。

今年我们将进一步制定出台招商引资优惠政策，积极创新为客商服务的机制，全力打造使客商安心、舒心的发展环境。今年我们还会建立招商引资环境责任追究制度，对影响开放招商的人和事，严格追究责任，对造成损失的，依法依纪严肃查处，真正使在____投资的客商投资安心，生活舒心，发展更有信心。

最后，让我们再次向一直以来支持关心项目建设的各级领导及社会各界朋友们、商家代表们，表示衷心的感谢！谢谢大家！

致辞佳句

　　真诚地欢迎在座的各位嘉宾到＿＿＿＿＿考察、投资、兴业。我们一直期待各位的到来，听取和了解你们对＿＿＿＿＿经济社会发展的真知灼见。

　　去年，我市招商引资工作取得了全省第一的好成绩，这得益于＿＿＿＿＿的正确领导和＿＿＿＿＿各部门的共同努力。

　　项目的签约只是我们招商工作的第一步，只有投资项目建设好、成长快、盈利多，才称得上是真正意义上的成功，才是合作双方共同的理想目标。

　　＿＿＿＿＿有适宜企业发展的投资环境，有开明开放的社会氛围，有得天独厚的政策支持，＿＿＿＿＿蕴藏着无限商机！

　　我们将始终致力于营造更加宽松、和谐的投资环境，先投资者之忧而忧，后投资者之乐而乐。

　　这是一片投资的乐土，这是一片创业的乐园！

　　我们将秉承"服务＿＿＿＿＿，建设＿＿＿＿＿，回报＿＿＿＿＿"这一宗旨，在＿＿＿＿＿这片热土上大展拳脚！

　　各位客商以远见卓识的眼光来我市投资兴业，将有助于进一步调整优化我市的产业结构，壮大我市的经济总量，提升我市的综合实力，也必将获得满意的回报。

6

公关发布会

公关发布会，是政府或企业在重大事件发酵之际，以会议接待的形式，向外界公布重要事件或活动的信息而举办的一种仪式，其中以危机公关最为常见。在危机公关的发言中，发言人需要以冷静、客观的态度与公众保持沟通，并提供解决方案，从而消除公众对其产品或服务的不良印象。

范 文

致辞场合：_____市政府重大事件新闻发布会

致辞人：市领导

女士们、先生们，新闻界的朋友们：

大家上午好！

今天的新闻发布会是经市委、市政府研究决定召开的，主要目的是通过对我市近期查处的____起破坏发展环境的典型案件进行公开曝光，震慑不法分子，警示教育广大干部群众，进一步优化我市的经济发展环境。

今年以来，市委、市政府进一步加大了优化环境工作力度，将环境建设与提质提速、行政权力公开透明运行、专项资金综合治理、民主评议行风政风相结合，注重创新举措，完善机制，有力地促进了全市经济的持续、快速、健康发展。

从市优化办今年____月份和____月份两次对全市____家企业进行调查走访的情况看，我市环境建设已取得了明显成效，广大企业普遍反映：各职能部门的作风明显改进，服务意识、服务水平、办事效率明显提高，乱收费、乱罚款等"五乱"现象得到了有效治理，"吃、拿、卡、要、报"行为明显减少。

同时，我们也清醒地看到，当前干扰和破坏发展环境的案件还时有发生，尤其是今天公布的这些典型案件，说明优化环境仍然是一项长期而艰巨的系统工程，环境建设依然任重而道远。为此，我们一定要以持久的决心、必胜的信心，坚持不懈、持之以恒地把优化环境工作往深里做，往实里做。

今后一段时期，我们要重点抓好以下三项工作：一是坚持宣传教育与严格执法相结合，营造良好的社会风气；二是坚持民主评议与效能建设相结合，提高机关部门服务效率；三是坚持明察与暗访相结合，加大优化环境案件查办力度。

同志们，事实证明，环境优则事业兴，环境劣则发展衰。全市各部门和广大干部、群众要进一步牢固树立起"抓环境就是抓发展"的意识，从我们每个人做起，每一件事做起，把我市的发展环境建设得更优、更美、更好，为推动我市经济的跨越式发展创造更加有利的条件。谢谢大家！

致辞佳句

　　今天，我们在这里召开紧急新闻发布会。我司感谢媒体朋友的监督，并向长期以来一直信任和支持我们的用户表示诚挚的歉意。

　　对于这件事，我们公司相关部门会以真诚的态度制定出相应处理方案，我们责无旁贷，愿意承担顾客的损失。

　　对于广大民众与众多媒体提出的要求和疑惑，我们都会认真考虑并解决。

　　对于此次危机事件的出现，我们再次表示深深的歉意，并加强日后的管理。

　　由于时间限制，我们此次新闻发布会就要结束了，事后大家可以直接访问 ＿＿＿ 官网，我们会及时、公开地发布相关信息。

第六章

公司活动致辞

1

公司活动致辞万能模板

一、开场称呼

尊敬的各位领导，同事们

同事们，朋友们

各位来宾，朋友们

二、表达欢迎和感谢

首先，我要感谢大家抽出宝贵的时间参加公司组织的这次活动。

在这里，我代表_____对大家的到来表示热烈的欢迎和衷心的感谢！

三、活动意义和目的

今天，我们聚集在这里，是为了共同庆祝我们团队的成功，以及展望我们未来的发展。

今天的活动是为了进一步增强团队凝聚力和合作精神，同时也是为了庆祝我们团队在过去取得的成绩。通过这次活动，我们希望能够加深彼此的了解，增进友谊，共同为公司的未来发展而努力。

我们完全有理由相信，如此高规格的培训，必将促进_____整体水平进一步提升。希望大家通过这次培训活动，学有所得，学有所获。

（适用于公司培训活动）

组织集体_____活动，能够提高大家的身体素质，也能够弘扬奋勇拼搏、积极向上的团队精神，同时还可以放松心情，减轻工作压力，增强体质，是一项有益的强身健体的活动。我希望大家表现出"不畏艰险，永不言弃"的精神，牢记强健的身体是干好工作的基础和保障。

（适用于公司团建活动）

四、活动内容

在今天的活动中，我们将有机会参与一系列有趣的游戏和挑战。这些活动不仅考验我们的团队合作能力，也让我们有机会展示自己的才能。希望大家能够积极参与，共同度过一段难忘的时光。

这次公司将开展以_____为主题的系列活动。本次活动形式多样、内容丰富，大家可以在轻松游戏的同时增强团队合作能力，还可以独具匠心地创作作品，展示与自己生活息息相关的_____知识。另外，现场还有_____等温情且具有极大意义的活动。

五、表达期待，展望未来

在未来的发展中，我希望我们能够继续保持团队合作精神，不断开拓创新。我相信，只要我们齐心协力，一定能够实现公司的目标。让我们携手共进，为公司的发展贡献自己的力量。

我对_____的未来充满信心，对在座的各位更有信心！_____提供给大家一个展示和奋斗的舞台，我也相信大家的努力能让_____更精彩，能让_____登上一个新的台阶！

我深信在未来的征程中，我们必将所向披靡，满载而归！

六、结束语

最后，预祝_____比赛取得圆满成功，祝各位取得优异成绩！谢谢大家！

（适用于公司技能竞赛活动）

最后，预祝本次培训活动取得圆满成功，祝大家学习愉快，工作顺利！

（适用于公司培训活动）

最后，祝大家玩得开心！谢谢大家！

（适用于公司团建活动）

最后，请允许我再一次祝愿到场的各位新年快乐、幸福安康，祝_____公司蒸蒸日上、宏图大展！

（适用于公司年会活动）

② 公司年后开工仪式

很多公司都会在年后开工第一天举行开工仪式，帮助员工快速找回工作状态，也图一个"开工大吉"。在年后开工仪式上的领导致辞，主要目的在于鼓舞士气，激励团队，为未来的工作奠定良好的基础。

范 文

致辞场合：_____公司年后复工动员会

致辞人：公司领导

亲爱的同事们：

大家下午好！

时间过得很快，一眨眼春节就过去了。今天是我们公司新年上班的第一天，首先请允许我代表公司，向每位员工和你们的家人致以新年的祝福，向全体员工在过去一年里给予的积极合作与支持，表示衷心的感谢！

过去的三年，全球经济都受到了疫情的影响，我们的行业也遭受了来自市场、政策各方面的诸多困难，艰难运行。今年各行各业开始复苏，对我们而言，既是机遇，更是挑战，因为整个行业都在经历着一次大洗牌，优胜劣汰。如果我们管理经营不善、业务能力不足，就难逃被市场清洗的命运；但如果我们能坚持做下去，势必将迎来更多的机会和长足的发展！

　　新一年我只有一个愿望，就是希望各位都能以积极的心态去面对自己的工作！前两天，我看了一个关于工作心态的小故事，想和大家分享一下。

　　故事讲的是有三个工人正在砌墙，有人过来问："你们在干什么呢？"第一个人无精打采地说："没看见吗？我在砌墙啊！"第二个人抬头笑了笑说："我正在盖一栋高楼呢！"第三个人一边干活儿一边哼着小曲儿说："我正在为别人创造更加美好的生活。"多年以后，第一个人还在另一个工地砌墙；第二个人成了一名工程师，坐在办公室里画图；第三个人成了前面两个人的老板。

　　这个故事告诉我们，以什么样的心态看待自己所从事的工作非常重要。一个人的心态，直接影响着他以后的发展前途。

　　在我们公司有许多不同的岗位，不要认为这些岗位不重要，在这些岗位上都可以学到很多东西。所有的经理、部门主管都是从最基层做起来的。希望在新的一年，各位都能以积极的心态去面对自己的工作，取得更大的进步！

　　最后，祝开工大吉！谢谢大家！

致辞佳句

凌霄挥巨手，立地起高楼；飞驰千里马，更上一层楼。

我们在度过了一个欢乐、祥和的春节假期后，再次回到工作岗位。我们要以更加饱满的热情全身心地投入工作中，为完成新一年的各项工作开好头、起好步！

我们送走了不平凡的_____年，来之不易的成绩已经成为过去。一年之计在于春，现在最重要的是做好新年的各项工作，努力完成今年的各项目标任务，推动中心工作再上一个台阶。

爆竹贺新禧，瑞雪兆丰年。在度过了一个欢乐、祥和、轻松的春节假期后，我们再次回到了工作岗位，相聚在这春意融融、喜庆正浓的时刻！

希望大家尽快进入工作状态，自觉把思想和行动统一到今年的工作目标任务上来。我们要以求真务实、真抓实干的过硬作风，以理性的思考、敏捷的行动，开始新一年的工作。

3

公司股东年会

公司股东年会，是公司和股东之间进行有效沟通的重要活动。股东年会上的领导致辞，需要展示公司一年来的运营情况以及对来年的规划和展望，最重要的是对股东们一直以来的支持表示感谢。

范 文

致辞场合：_____公司年度股东大会

致辞人：公司董事

尊敬的各位股东：

　　大家好！

　　首先，我谨代表公司全体管理层，向各位股东表示最热烈的欢迎和最诚挚的感谢！感谢你们莅临年度股东大会，与我们共同探讨公司的发展战略，分享公司一年来取得的成果。在这个重要时刻，我希望借此机会与大家一同回顾过去一年的工作和成绩，并展望未来的发展趋势。

　　回顾过去一年，我想以"_____"来总结我们公司的工作情况。在严峻的市场环境下，我们始终坚持稳中求进的发展方针，通过巩固主营业务，推进创新项目，实现了持续的盈利增长。我们深知市场竞争的激烈以及机遇与挑战并存的现实，我们将继续加强公司的核心竞争力，从而更好地满足市场需求。

在过去一年里，我们积极开展了一系列创新项目，其中包括：_____。在注重技术创新的同时，我们还注重产品质量的提升，通过不断优化产品结构和服务体验，进一步巩固了市场地位。

此外，我们还积极拓展国内外市场。在国内市场，我们深入了解消费者需求，精益求精，不断推出适应市场需求的产品，赢得了更多消费者的青睐。在海外市场，我们大胆拓展，不断提升国际化程度，逐步将产品推向全球市场。这些积极主动的举措，为公司的持续发展奠定了坚实的基础。

展望未来，我们将继续坚持"_____"的发展理念，秉承"_____"的企业精神，进一步加大科研投入，提高自主创新能力，深化与合作伙伴的合作，在技术、品质和服务上精益求精，为广大股东带来更多的投资回报。

作为公司的股东，您的支持和信任是公司持续发展的重要动力。我们将一如既往地秉承"_____"的经营原则，充分保障股东权益，提高股东价值回报。我们坚信，有您的关注和支持，我们将取得新的辉煌成就！

最后，请允许我再次衷心感谢各位股东对公司的关心和扶持，感谢大家的到来。让我们携手共进，共创美好未来！谢谢大家！

致辞佳句

_____年是公司保持良好发展势头的一年，是市场拓展、队伍建设取得骄人成绩的一年，是_____全体迎接挑战，经受考验，努力克服困难，出色完成全年任务的一年。

展望新的一年，我们满怀憧憬，激情澎湃。没有什么能阻挡我们的步伐，没有什么能动摇我们的信心，我们将开足马力，奔向更加辉煌的_____。

我相信在____的带领下，全体股东和员工定将克服困难，心往一处想，劲往一处使，携手共进，打赢这场生死战！

总结这一年来的工作，希望大家能够继续保持初心，让我们共同见证公司的美好未来！

回首过去，我们拼搏奉献，充满欣喜；展望未来，我们斗志昂扬，信心百倍。我坚信，_____公司的明天一定会更加美好。

4

公司团建活动

公司团建活动中的各类团队协作游戏和挑战项目，可以增进员工之间的沟通与交流，增强员工的归属感和对公司的认同感。团建活动上的领导致辞，旨在加强团队凝聚力，提升员工之间的合作意识和沟通能力。

📧 范 文

致辞场合：_____公司户外团建活动现场

致辞人：公司领导

尊敬的各位同事：

大家好！首先，我代表公司向各位同事表示最诚挚的问候和衷心的感谢！感谢大家长久以来对公司的辛勤付出和无私奉献。

今天，我们欢聚一堂，举行这次精彩纷呈的团建活动。作为领导，我深知团队建设的重要性，一个强大的团队是企业成功的基石。团建活动不仅是一次放松心情的旅程，更是我们共同成长的机会。

在日常工作中，我们可能因为各种原因，无法与其他部门的同事建立良好的沟通渠道。那么在这次团建活动中，我们就可以摆脱工作的束缚，更加轻松自在地与其他部门的同事进行交流和互动。这种交流和互动不仅有助于我们更好地了解彼此，还能够促进不同部门之间的合作，提高工作效率。

在这里，我希望每一位同事都能够积极参与，勇于挑战自我，克服困难，展现出我们公司团队的优秀品质和风采。

同时，我也希望大家在团建活动中能够互相帮助、互相支持。我们是一个团队，只有团结一心、齐心协力，才能够战胜困难，取得更大的成功。

我相信，在这次团建活动中，我们将共同创造出一段美好的回忆，也将进一步加强我们团队的凝聚力和向心力。

最后，希望大家能够在这次团建中收获满满，共同创造更加美好的明天！谢谢大家！

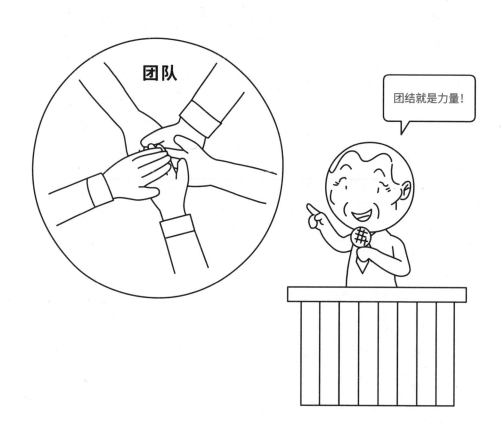

致辞佳句

作为一个企业家，我深知每一位员工的劳动和付出都是成功的关键因素，因此我非常重视公司的团队建设，我认为这是公司发展的重要一环。

众人拾柴火焰高，一个人的力量是微不足道的。唯有紧密地团结在一起，我们才能够发挥最大的价值，为公司创造更大的价值。

如同拔河，它是一种最能体现团队精神的运动，每个人都必须付出100%的努力，心往一处想，劲往一处使，紧密配合，互相支撑，才能形成一股强大力量，势不可挡，战无不胜。

在分工越来越精细的现代社会，即便是超复合型的人才也不能一个人做完所有的事情。一花独放不是春，万紫千红春满园。

通过各种团建项目，我们可以在游戏中不断突破自我，挖掘自己的潜力。在这个过程中，我们可以充分发挥自己的创造力和想象力，培养解决问题的能力和团队合作的精神。

在团建活动中，我们将进行一系列有趣、有挑战性的团队活动。这些活动不仅能够锻炼我们的身体素质和团队协作能力，更能够让我们体验到团队合作的重要性和成功的喜悦。

希望大家能够积极参与本次团建活动，将自己的笑容和积极的态度带给团队。让我们共同打造更加出色的团队，为公司的发展贡献自己的力量。

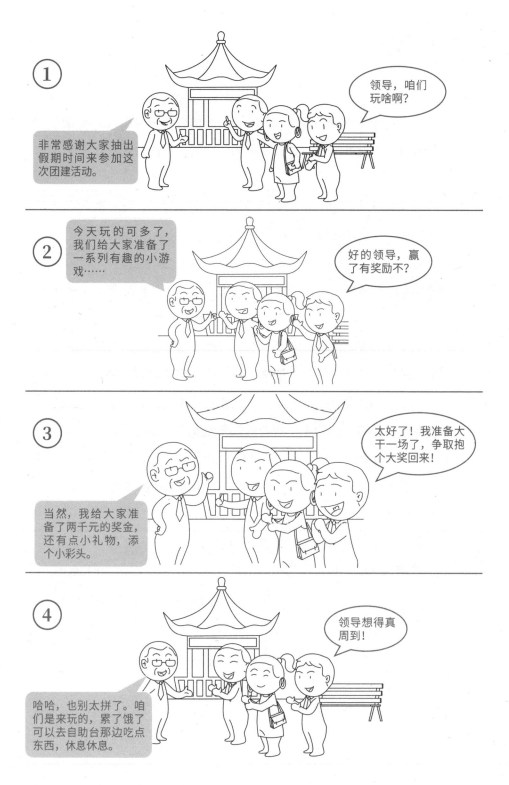

5 公司项目竣工活动

公司某个重大项目完成后，一般都会举行一个庆祝仪式，这种场合中的领导致辞，主要表达对项目成果的赞美和庆贺，对参与者的感谢和肯定，以及对未来发展的期望和祝福等。

范 文

致辞场合：_____大学新校区图书馆工程竣工仪式

致辞人：公司领导

尊敬的各位领导、各位来宾，朋友们：

经过十个月紧张有序的施工，今天，_____大学新校区图书馆工程按期完成。这昭示着市高等学府中规模最大的图书馆建设取得了重要的阶段性成果！在这个激动人心的美好时刻，我代表_____公司，向_____大学的各位领导和广大教职员工们表示热烈的祝贺！向支持工程建设的各级领导、各界同仁表示衷心的感谢！

作为市城建系统的骨干队伍，我们与教委系统、大专院校和各级示范校建立了良好的服务协作关系。在_____大学新校区一期工程建设中，_____公司承建的实验楼获得了市建设工程"金杯奖"。在图书馆项目施工中，我们又锁定"鲁班奖"创建标准，选派优秀项目班子，集中先进技术和优良设备，努力打造超一流的精品工程。

施工期间，各级领导和有关部门多次亲临现场指导工作，组织现场观摩，极大地提高了图书馆项目的社会知名度，使我们的合作实现了"双赢"。我们的责任是向建设单位负责，向业主负责，向社会负责。建设单位的要求就是我们努力的方向。

以今天图书馆项目的竣工为标志，我们将再接再厉，密切协作，继续以饱满的热情、周密的组织、良好的服务确保施工进度，确保工程质量，确保将一座座建筑精品奉献给广大师生，为我市教育事业持续快速发展作出新的贡献！谢谢大家！

致辞佳句

　　本项工程自立项以来，时间紧、任务重，施工与技术难关多，而且要在今年国庆节前投入正常运行，这无疑是一个巨大的挑战。但我们勇于迎接挑战，战胜困难，在最短的时间内不负众望，如期完成了项目施工。

　　_____工程项目现已通过竣工验收，在后续项目技术维护上我们更会兢兢业业做好，不负大家所望。在往后的工程建设中，我们将更加努力，为_____作出更大贡献。

　　回首过去，成就令人宽慰；展望未来，前景无限光明。

　　该项目自开工以来，_____以高度负责的精神，克服重重困难，抢抓工期，严把质量关，确保了_____如期、高标准竣工。

　　项目的建成，是_____的一个里程碑，也是_____发展的一个新起点。

　　我们将坚持"_____"的发展理念，组建优秀管理团队，坚持稳健发展步伐，瞄准主导产业方向，向前迈进。

6

客户联谊会活动

客户联谊会，是企业为了与其客户建立更紧密的关系而举办的一种活动。这种活动上的领导致辞，通常侧重于感谢客户的支持和合作，同时也为客户提供一个了解企业和行业的机会，从而更好地宣传自身，加强交流与互动。

范 文

致辞场合：_____公司客户联谊会

致辞人：公司领导

尊敬的各位来宾，各位朋友：

大家晚上好！

春华秋实，满载着收获的喜悦；寒来暑往，满怀着豪迈的激情！今天，我们欢聚一堂，隆重举行这次客户联谊会。首先，我代表_____向各位客户和合作伙伴表示最诚挚的欢迎和最衷心的感谢！

在过去的几年里，我们与各位并肩作战，携手奋进，共同书写了一段段辉煌的篇章。正是因为有了你们的支持和信任，我们才能够不断创新、不断进步，成为行业翘楚。今天，我们聚集在这里，就是为了向你们表达我们最深切的感激之情。

今年在新老朋友的支持下，我们在不断提高产品质量和销售数量的同时，又通过网络建立了专业性市场。我们在品种、质量、价格等方面，占有很大的优势。

对消费者而言，网络购物便于集中挑选产品，比质比价，节省了购买时间；对经营者而言，它更容易吸引有效客户，而又不需要花费宣传推介企业及其产品的费用，极大地提高了经营效率。

休戚相关，荣辱与共。在行业传统营销举步维艰之时，如果明年我们精诚合作，共同把_____市场做大做强，做出人气来，就能够共同搭上网络营销这辆快车，携手共进！

最后，愿各位新老朋友借这次联谊会广交朋友，增进了解，加深友谊，合作共赢！谢谢大家！

致辞佳句

　　_____公司长久以来，一直受到在座的各位朋友的关心和支持。正是有了你们的帮助，_____才从无到有，不断发展壮大！

　　感恩这些年来所有支持、帮助过_____的朋友；感动这些年来所有给予_____包容的家人；感谢这些年来所有曾经在_____发展的道路上，全力奉献、倾情付出的伙伴！

　　在这里，我要感谢_____对我们工作的关心和支持，是你们使_____在发展的过程中少走弯路、不走弯路，让_____能够更加健康、快速地成长。

　　俗话说得好，众人拾柴火焰高！让我们携起手来共创_____新的辉煌！

　　回顾_____，有过艰难，有过险阻，但这一年因为有大家的支持和理解，我们依然阔步前行，不断进步！

　　真诚地期盼，在未来的日子里，在座的各位朋友能一如既往地关心和支持我们，帮助_____不断发展壮大，共创我们的美好未来！

　　您的支持，让我们有了行动的基础和目标，让我们知不足而后进；您的支持，帮助我们跨越一道又一道坎，不断迈向新的成功。

　　长风破浪会有时，直挂云帆济沧海！让我们携起手来，以只争朝夕的精神，向着美好的未来扬帆起航！

第七章

慰问和答谢致辞

① 慰问答谢致辞万能模板

一、开场称呼

尊敬的各位领导、各位嘉宾，老年朋友们

（适用于慰问老人）

同志们，朋友们

（一般多用于慰问退伍军人、抗震救灾官兵等）

尊敬的各位同事，各位朋友

（适用于慰问员工）

二、肯定成绩与贡献

大家辛苦了！

在过去的一年里，我们的基层团队在生产、销售、服务等方面都取得了显著的成果。这些成绩的取得离不开我们每一位员工的辛勤付出和无私奉献。

（适用于慰问员工）

忆往昔，峥嵘岁月，你们响应祖国的召唤，为了国家的安宁，参军服役，为军队和国防建设作出了积极的贡献；离开部队转业复员，你们在不同的工作岗位上，发扬了人民军队的优良传统，爱岗敬业，勤奋工作，同样作出了重大贡献！

（适用于慰问退伍军人）

三、表达感谢

在这里，我代表_____感谢大家一直以来的辛勤工作，感谢大家对_____作出的贡献。

借此机会，我代表_____向为国防建设作出贡献的离退休老同志，向长期以来关心支持军队建设的市各级党委、政府、人民群众，表示衷心的感谢！

（适用于慰问退伍军人）

四、关注需求，表达关怀

我深知大家在工作中可能会遇到各种困难和挑战，我希望你们能够勇敢面对，同时相信我们会一起克服。

我们将提供更多的培训和发展的机会，帮助你们不断提升自己的能力和职业素养。我们还将继续努力提高员工福利待遇，为大家营造一个更加舒适、和谐的工作环境。

（适用于慰问员工）

人人都有夕阳之时，都会年老体衰，都渴望得到大家的关爱。关爱老人，让我们从点滴做起，用实际行动去解决老人生活中的实际困难。

（适用于慰问老人）

五、展望未来

_____年是_____改革发展的重要阶段，同时也是考验我们能力的时刻，我们要自我加压，努力奋进，在确保安全生产的前提下，推进各项工作稳定开展。我相信，在大家的共同努力下，企业发展一定会步上一个崭新的台阶。

（适用于慰问员工）

　　未来，我们相信，_____将会继续秉承_____的理念，在不断发展壮大之余，不遗余力地回馈社会。

　　真情暖员工，携手克时艰。我们将把集团公司的深情与厚爱传递到每个员工的心中，把温暖和真情化作前进的动力，在_____的领导下去创造更美好的明天。

　　回首往昔，岁月峥嵘，我们欢欣鼓舞；展望未来，前程似锦，我们豪情满怀。让我们共同努力，为公司的发展贡献力量。

六、表达祝愿

　　最后，衷心地祝愿_____的各项建设事业不断取得新的进步，祝愿大家身体健康，家庭幸福！

　　值此节日期间，_____诚挚地致以节日的慰问，并祝福大家幸福平安！

2

慰问孤寡老人

老年人是社会的宝贵财富，他们为民族解放和社会的进步奉献了自己的青春。现在有许多老年人因为各种原因孤身一人住在敬老院里，领导去敬老院里进行慰问，不仅是去给老人们送温暖，也是表达对老年人的尊敬和关爱。

范 文

致辞场合：_____市重阳节敬老院慰问活动

致辞人：市领导

同仁们、老年朋友们：

你们好！

采菊登高望故乡，昔年重阳，今又重阳。今年的10月____日是我国传统佳节重阳节，值此节日来到敬老院，我代表市委、市政府向广大老年人致以节日的问候。祝全体敬老院的老年朋友们节日愉快，身体健康！也向辛勤工作在老龄岗位上的各位同仁，向支持和关心老龄事业的社会各界人士致以诚挚的慰问！

敬老、爱老、养老是中华民族的传统美德，是我国优秀传统文化的重要组成部分。将这种美德不断传承下去，是我们义不容辞的责任。老年人的经验和智慧是整个社会的宝贵财富，老年人的优良品质是青少年学习的榜样。我们应该时常怀有感恩的心，始终关爱身边的老年人。我们深知敬老、爱老不能只通过一两次的慰问活动来体现，但初衷就是想通过这种有意义的活动，让更多的人知道孝敬老人的重要性。

如今在座的各位老同志，都是我市各项事业发展的奠基人。大家在不同的岗位上兢兢业业、辛勤一生，为我市的社会发展倾注了大量的心血，在我市的发展史上留下了重重的一笔。步入老年的同志们其实更需要社会和家庭的关怀，我们更加要致力于提升老年人的生活质量和生活水平。

借此机会，我也向各位从事老龄工作的同志们提几点建议：

1. 着力健全各项敬老院的管理制度，努力实现敬老院服务优质化、管理规范化，确保老年人能够生活得快乐，居住得安心。

2. 关注老年人的精神健康，多举办适合老年人的健康娱乐活动，为老年人提供精神食粮和各种学习机会。

3. 呼吁全社会关心和支持老龄事业，为老年人创造健康和谐的生活环境，让老年人生活在充满温馨的大家庭里。

我相信，在全社会的共同努力下，我市的老龄工作一定会得到进一步的发展，老年人的生活水平也会得到进一步的提高。老年朋友们的今天，就是我们的明天，为他们创造一个舒适的环境是我们义不容辞的责任。

最后，我再次由衷地祝愿全体老人们身体康健，福寿康宁！

谢谢大家！

老吾老以及人之老……

致辞佳句

老有所养、老有所医、老有所用、老有所乐。

人生是一面镜子，对照自己将来也会年老的人生，我们必须担起爱护老人的责任。

只要老骥志千里，夕阳总是无限红。

福如东海水长流，寿比南山松不老。

莫道桑榆晚，为霞尚满天。

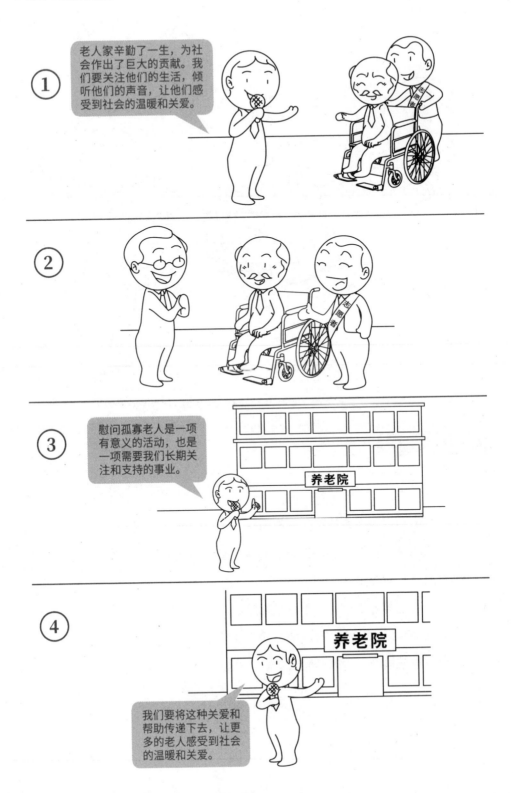

3

慰问基层员工

基层员工是企业发展的基础，许多工作都要由身处一线的基层员工去完成。在节日或者工作环境艰苦的时候，领导们及时地送去慰问，关心基层员工的发展，更有利于激发员工的动力，促进整个企业的发展。

范 文

致辞场合：＿＿＿＿＿公司"送清凉"基层员工慰问活动

致辞人：公司总经理

职工朋友们：

大家辛苦了！

又到了一年当中气温最高的时候，酷暑难当，一直攀升的气温给大家的工作和生活都带来了极大的影响。工作在一线的职工们，为了确保公司各个项目的正常运作，始终在烈日下奔波，坚守在自己的岗位上，为公司的发展贡献了力量！

在此，我很荣幸能够代表公司对职工朋友们进行慰问，向高温下仍然奋战在一线的同志们致以崇高的敬意和深切的慰问！

目前公司仍处于向上攀登的阶段，各个项目都在稳步地推行当中，一线的员工们发挥着主体作用，维护了价值近两亿元的设备，也保证了各项物资良好的调度和运营。你们是公司业绩的创造者，是公司发展的基石，我们深深地感激你们的辛勤工作。

你们以高昂的热情和认真负责的态度奋战在第一线。我们希望能够通过此次活动，传递出积极向上的正能量，通过方方面面的关怀，让职工朋友们能在压力和困难面前得到慰藉。

高温的天气将持续一段时间，希望在一线工作的职工朋友们注意自己的身体，及时补水和休息。各个部门也要把降温防暑放在重要的位置，并做好以下几项工作：

1. 专款专用，落实好防暑降温专用资金，及时补充好降温物资，比如清凉饮品、防暑药品、防晒帽等，禁止把物资折成现金发放给个人。

2. 合理安排工作时间，避免在一天当中温度最高的时间作业，确保员工有充足的休息时间，严格控制不规范的加班现象。

3. 做好消防安全工作，防止因为高温天气引发的各种安全事故和火灾。

我相信，只要广大员工们发挥艰苦奋斗、团结互助的精神，努力拼搏，就一定能战胜高温、克服困难，顺利度过高温期，圆满完成各项工作任务。最后，衷心地祝愿职工朋友们身体健康、工作顺利！

谢谢大家！

致辞佳句

　　继续发扬工人的伟大品格，以坚定的毅力和踏实的作风为企业创效益。

　　在炎炎夏日中，有一群艰苦奋斗的人，不惧日晒地为企业倾情付出。

　　员工们在阳光下挥洒汗水，取得的丰硕成果是他们努力的证明。

　　你们的每一分努力、每一滴汗水、每一次辛苦，都见证了公司的成长和辉煌。

　　坚守在自己岗位上的基层员工们，你们平凡而伟大，是整个企业最亮丽的风景。

　　在管理中理解员工、尊重员工，在逆境中帮助员工、激励员工，在顺境中肯定员工、鼓舞员工，切实为员工谋福利。

4

答谢合作伙伴

现在各行各业之间竞争非常激烈，想要企业能够平稳发展，合作伙伴是必不可少的。在合作伙伴的帮助下，我们的企业得到了更快的发展，取得了更大的生存的空间。在答谢会上，领导致辞不仅要表达对合作伙伴的感谢，还要表达出合作机会的来之不易。

范 文

致辞场合：_____公司合作伙伴答谢会
致辞人：公司总经理

尊敬的各位合作伙伴：

　　你们好！

　　今天我们欢聚一堂，在此隆重召开_____公司合作伙伴答谢会，我非常荣幸能够代表公司发言。在此，我谨代表_____公司全体同仁向_____合作方表示最衷心的祝福和最诚挚的感谢！感谢你们对_____公司的信任和支持！

　　_____年，_____公司成立，但是公司成立之初运营得并不是很稳健，是在跟所有合作伙伴的共同努力之下，才逐渐站稳了脚跟。经过多年的奋斗、多年的磨合、多年的创新，我们跟合作伙伴之间的关系逐渐变得密不可分，完成了一个又一个发展计划。

近年来，市场的变化也十分明显，很多新的竞争产品上线，给我们带来了很多压力，对各方面的要求也越来越高，所以我们又跟合作伙伴达成了新的合作。这次的战略合作是来之不易的结果，再次代表我司对各位表示深深的感谢！

通过合作，我们不仅可以增进彼此之间的了解和友谊，也可以加强彼此间的技术交流与合作。更重要的是，通过双方的合作，公司的综合实力得到了增强，各位合作伙伴的人才队伍也得到了锻炼和成长。最重要的是，双方的经济效益提高了，完全达到了合作共赢的目的。

这么多年以来，我们跟很多优秀的建筑商和供应商达成了友好合作，在大小事宜上实现了休戚与共和互惠互利，甚至彼此之间已经成了好朋友。曾记得，我们在项目发芽的阶段战斗在一起，风雨同舟；曾记得，我们在攻克关键难题的时候日夜兼程，开创新天地；曾记得，我们在行情动荡的时候从大局出发，不断调整。合作伙伴们的智慧为_____公司的发展作出了巨大的贡献，为_____公司更进一步奠定了基础。

在此，我代表公司感谢各位合作伙伴的厚爱，也真诚地希望今后能够得到更多合作伙伴的支持和帮助，实现更多伟大的共赢！

携手共赢！

致辞佳句

让我们携手并肩，为共同发展谱写新的篇章。

成功来自自身不懈的努力，而合作伙伴的支持也是制胜的关键。

你们不计个人得失，勇于接受挑战，在变革中坚定信心，团结合作。

我们的合作是愉悦且富有人情味的，我们的联盟是稳定且富有战斗力的。

我们互相信任，互相支持，携手共进，一起走过了不平凡的旅程，在这片地区开拓了一片我们共有的新天地。

时光荏苒，几度春秋，我们从原来的荒地耕耘到现在的繁花似锦。正因为有你们的相知相伴，我们才得以蓬勃发展。

5

答谢新老客户

一个企业的发展，必然需要客户的支持，有订单才会有收益。经过了一年的发展，新老客户都为企业的前进提供了一分力量。领导在答谢会上致辞，不仅要表达对客户的感谢，也要表达继续回馈客户的诚意。

范 文

致辞场合：_____公司新老客户答谢会

致辞人：公司董事长

尊敬的各位来宾：

大家好！

十分感谢各位今天来参加_____公司的新老客户答谢会，我代表_____公司，向今天出席活动的各位来宾和新老客户朋友们表示衷心的感谢和热烈的欢迎！

我公司在各级领导和广大客户的关怀下，已经走过了____年的历程，从当初的小规模不断发展壮大，现在总资产已经突破了____亿元，到今年为止销售额已经达到了____亿元，取得了不少令人瞩目的成绩，同时也已经稳步迈入了大中型公司的行列。

尤其是_____年，这是_____公司很不平凡的一年。我们公司始终坚持"_____"的理念，不断与时俱进地开拓新市场，升级更好的服务，赢得了广大客户的满意和信赖。经过我们全体员工的拼搏，最终不负众望，实现了地区业务的拓展，年度总业绩同比增长了 ____。今年我们也要挑战自我、持续创新，继续扩大公司的规模和业务，让各位客户感受到我司更好、更专业的服务。

本次活动就是 _____ 公司对各界朋友和广大客户的感恩行动，我们希望用最朴实的行动来对尊贵的客户们表达感恩。感谢新老客户对我们的支持和信任，同时也感谢各位业务伙伴多年如一日的辛劳付出。希望能通过今天的答谢会增进我们彼此的了解，得到新的收获，以此来更好地服务各位客户。

借此机会，我也代表 _____ 公司的全体员工郑重承诺，我们会生产出更好的产品，带来更好的服务，用拳拳之心来回报各位新老客户长期以来的支持和帮助。我们坚信，有各位客户一如既往的支持，还有所有伙伴不懈的努力，我们的事业必定会更上一层楼，我们的未来也会更加光明！

最后，我再次向广大客户致以最诚挚的感谢！祝愿大家在接下来的一年里工作顺利，阖家欢乐，万事如意！

谢谢大家！

致辞佳句

　　客户们的信任和真诚，是我们发展的源泉；客户们的厚爱与关照，是我们前进的动力；客户们的助力和支持，是我们生存的基础。

　　公司在不断壮大发展的同时，也不能忘记一直鼎力支持我们的新老客户。

　　我们的责任是以诚信为本，达到客户的要求；我们的追求是不断提升自我，超越客户的期望。

　　客户的满意是我们始终如一的追求，我们要用负责任的态度与您共创更加美好的明天。

　　更好的质量和更好的服务，必将得到客户们的支持和爱戴。

　　我们这棵辉煌大树的背后，离不开在座的各位客户对我们的长期浇灌，你们的支持是我们成长的养分。

第八章

纪念活动致辞

1

纪念活动致辞万能模板

一、开场称呼

各位老师，同学们

同志们，朋友们

各位来宾，各位亲友

二、简要介绍活动日的或意义

今天，我们聚集在这里，是为了纪念_____，回顾他／她的生平事迹，感受他／她对人类社会发展的重要贡献。感谢大家抽出宝贵的时间参加这次纪念活动。

（适用于名人纪念日活动）

今天，我们聚集在这里，是为了纪念_____事件的发生，回顾这段历史，感受它对我们国家乃至世界的重要影响。

（适用于历史事件纪念日活动）

三、被纪念对象的贡献或影响

_____是一位杰出的_____，他／她的思想和成就对人类社会产生了深远的影响。他／她的主要贡献包括_____，这些贡献不仅为人类社会的发展提供了重要的支撑和强大的动力，更为我们的未来指明了方向。

（适用于名人纪念日活动）

_____事件是我们国家近代史上的重要里程碑，它标志着我们的民族从屈辱走向振兴，从贫穷走向富强。这个事件的发生，深刻地改变了我们国家的命运和前途，也极大地影响了世界历史的进程。

（适用于历史事件纪念日活动）

四、学习和传承

我们要学习和传承_____的精神和思想，深刻领会他 / 她的智慧和远见卓识，并将这种精神和思想融入工作、生活中。我们要以他 / 她为榜样，为实现人类的共同理想而不懈奋斗。

（适用于名人纪念日、追悼会活动）

为了重整山河，多少仁人志士、革命英烈抛头颅、洒热血，以顽强不屈的精神打败了帝国主义侵略者。他们肩负起实现中华民族伟大复兴的历史使命，我们要继承和发扬先行者们的革命精神！

（适用于历史事件纪念日、烈士纪念日活动）

五、纪念仪式和活动内容介绍

在今天的纪念活动中，我们将举行庄重的纪念仪式，包括纪念碑揭幕和纪念演讲等环节。希望大家能够积极参与，共同感受这位历史名人的魅力和影响力。

（适用于名人纪念日活动）

在这次纪念活动中，我们将举行庄重的纪念仪式，包括向先烈敬献花篮、重温历史影像等环节。同时，我们还将举办一系列展览和讲座，全面展示这个历史事件对我们的国家和世界的重要影响。

（适用于历史事件纪念日、烈士纪念日活动）

六、对未来的期望和要求

让我们共同铭记历史，为实现中华民族伟大复兴的中国梦而不懈努力！谢谢大家！

（适用于历史事件纪念日活动）

少年强则国强，我们一定要努力学习，让祖国更加强大！"不忘国耻，振兴中华！"将这句话永远刻在我们心里，激励我们奋发图强！谢谢大家！

（适用于学校历史事件纪念活动）

② 抗战胜利纪念日

9月3日是中国人民抗日战争胜利纪念日，也是世界反法西斯战争胜利纪念日，是所有中国人都必须铭记的日子。抗战胜利纪念活动上的领导致辞，旨在让更多人铭记历史，缅怀先烈，继承和发扬自强不息的革命精神，珍惜今天来之不易的和平生活。

📝 范 文

致辞场合：_____校纪念抗战胜利____周年

致辞人：校长

尊敬的老师们，亲爱的同学们：

大家上午好！

今天是中国人民抗日战争和世界反法西斯战争胜利____周年纪念日。这是正义战胜邪恶、光明战胜黑暗的伟大胜利，是中国人民和全世界一切爱好和平的国家和人民的盛大节日！

在这个庄严的时刻，让我们向在抗日战争中英勇战斗、为国捐躯的烈士们表示深切的悼念，向参加过抗日战争的老战士、爱国人士以及所有为抗战胜利建立了功勋的海内外中华儿女表示崇高的敬意，向支援和帮助了中国抗战的外国政府和国际友人表示衷心的感谢，向惨遭侵略者杀戮的无辜死难同胞表示深切的哀悼！

　　长达 14 年的抗日战争，将中国拖入一个苦难的深渊，一个地狱般的深渊，一个不堪回首的深渊！__ 年前的今天，中国以牺牲 3500 万人口的巨大代价换来了日本侵略者规规矩矩地坐到谈判桌上，向世界宣告投降。

　　历史证明，中国人民是打败日本军国主义的决定性力量，中国人民为反法西斯战争的胜利，为人类和平、进步和正义事业作出了彪炳千秋的历史贡献！

　　我们不能忘记那段不堪回首的血泪史，更不能忘记，全国人民为抗日战争的胜利，前赴后继，写下的一页页壮丽史篇！正是因为全国人民的一致对敌，铸造起全民救国的战斗决心，我们才最终战胜了不可一世的日本侵略者！

　　同学们，我们的先辈留给了我们一笔巨大的精神财富。尽管我们身处一个和平安定、繁荣昌盛的国度，但优秀的革命传统不能抛！在我们平凡的生活里，革命精神同样可以闪耀出不平凡的光彩！

　　同学们，历史只能代表过去，我们铭记历史是为了吸取"落后就要挨打"的教训；梦想才代表未来，让我们接过时代的接力棒，继承优秀的革命传统，发扬先辈们的伟大精神，努力学习，筑梦中华！

　　谢谢大家！

牢记历史，不忘过去；
珍爱和平，开创未来！

致辞佳句

中国人民抗日战争和世界反法西斯战争的胜利，是正义的胜利，是和平的胜利，是人民的胜利！它对中华民族的前途与命运，以及世界和平的伟大事业，产生了极其深远的影响。

前事不忘后事之师。我们强调牢记历史，并不是要延续仇恨，而是要以史为鉴，面向未来。

中华民族有能力结束一切形式的奴役和压迫，更有能力把自己的国家建设成为文明、民主、富强的社会主义现代化强国。

面对困难，每一名中华儿女，都应该继承抗日战争中英雄前辈们用鲜血和生命铸就的民族精神和民族气质，以时不我待的紧迫感，努力工作，为实现中华民族伟大复兴的中国梦而努力奋斗！

面对凶残的侵略者和国破家亡的民族危机，不甘屈辱的中国人民，在中国共产党倡导建立的抗日民族统一战线的旗帜下，万众一心，众志成城，同仇敌忾，共赴国难，展开了一场波澜壮阔、气壮山河的伟大的民族解放战争。

五四运动纪念日

五四运动，是1919年5月4口发生在北京的一场以青年学生为主，广大群众、市民、工商界人士等阶层共同参与的一场爱国运动。 五四运动纪念日活动上的领导致辞，旨在弘扬五四精神，激发广大青年和群众的爱国热情，凝聚爱国力量。

范 文

致辞场合：_____学校五四青年节纪念活动

致辞人：团支书

各位团员，老师们、同学们：

大家上午好！

今天，我们聚集在这里，共同庆祝中国共产主义青年团成立_____周年，暨五四运动____周年，这对于进一步引导和激励广大青年学生，在新的历史时期继承和弘扬五四精神，具有十分重要的意义。

在此，我谨代表校团委向所有共青团员、青少年朋友以及青年教师致以亲切的节日问候！向为共青团事业辛勤耕耘、积极奉献的优秀团员、团干部表示衷心的感谢！向获得表彰的先进集体和个人表示热烈的祝贺！向长期以来关心、支持共青团工作的各级党政领导和各界朋友们致以崇高的敬意！

1919年5月4日爆发的五四运动，是一场以先进青年和知识分子为先锋，广大人民群众共同参与的，彻底的反帝反封建的爱国民主运动，是一场振聋发聩、影响深远的思想解放运动和新文化运动。它不仅促进了马克思主义在中国的传播，还拉开了中国新民主主义革命的序幕，开辟了中国青年运动的新纪元！

五四运动爆发之后，一代又一代有志青年，在中国共产党的领导下，在"爱国、进步、民主、科学"为核心内容的五四精神的感召下，心系民族命运，关心国家发展，谋求人民福祉，用青春和热血书写了中国青年运动的壮丽篇章！

在过去的一年里，我校共青团组织在_____党委的领导下，在思想建设、服务社会、自身建设上都做了大量卓有成效的工作，特别是在_____等方面的工作，给全市共青团组织做了表率。

青年朋友们，我们今天纪念五四运动，就是要发扬热爱祖国、顽强拼搏、勇于竞争的时代精神，把这种精神融入我们的学习中，努力成为对祖国、对社会有用的人才，为祖国的明天出一分力！

最后，再次祝大家五四青年节快乐，谢谢大家！

五四热血，
不负青春！

致辞佳句

青年是祖国的骄傲，为了国家主权摇旗呐喊；青年是祖国的希望，挑起中华民族伟大复兴的重担！

愿所有爱国青年成就青春梦想，绽放青年风采！

青春作伴，梦想为马，策马奔腾，奔向美好未来！

继承"五四"火种，助燃民族希望！

五四精神，薪火相传，青年才俊，助力中国梦！

愿献同学少年身，共筑民族复兴梦。

在"爱国、进步、民主、科学"的五四精神的激励下，一代又一代有志青年，与祖国同呼吸，与人民共命运，肩负历史使命，勇立时代潮头！

青年朋友们，让我们高擎"五四"的火炬，携着希望起飞，与祖国共奋进，与时代同发展，在自己的人生道路上谱写出一曲壮丽的青春赞歌！

追悼会

　　追悼会上的领导致辞，需要以尊重和感恩的态度来表达对逝者的哀悼，重点突出逝者的重要贡献、品德或影响力。除了悼念逝者，致辞也可以适当安抚逝者的家属和亲友，表达对他们的关心和支持，还可以鼓舞人心，激励听众继续前行，继承逝者的精神和价值观等。

范 文

　　致辞场合：_____同志的追悼会

　　致辞人：公司领导

各位来宾，各位亲友：

　　今天，我们怀着无比沉痛的心情，深切悼念_____公司的优秀退休职工_____。首先，请允许我代表_____全体干部职工向_____同志的不幸离世表示沉痛的哀悼，向_____同志的家属、亲属表示最诚挚的慰问。

　　_____同志因病医治无效，于____年____月____日在_____去世，享年____岁。_____同志于____年____月出生于一个普通职工家庭，____年____月参加工作，____年____月光荣退休。在几十年的工作生涯中，_____同志工作认真尽责，任劳任怨，一心扑在工作岗位上，干一行爱一行，得到了很多领导和同事们的肯定和赞誉，多次被评为先进工作者。

_____同志虽然已离我们远去，但他那种勤勤恳恳、忘我工作的奉献精神，艰苦朴素、勤俭节约的优良作风，为人正派、忠厚善良的高尚品德，仍是我们学习的榜样。我们为他的家庭失去这样的好丈夫、好父亲而惋惜，但人死不能复生，我们只能控制好自己的情感，抑制住自己的悲痛，继续好好生活，以告慰老人家的在天之灵。

_____同志走了，带着妻儿无限的留恋，带着许多未了的心愿，与我们永别了。但是，_____同志永远不会与亲人、朋友、同志分离，因为他永远活在我们心中！

_____同志，一路走好！

致辞佳句

终生简朴留遗范，勤劳一世传家风。

他的离去给关心他的生者以深切的悲痛和遗憾。

人生最痛苦、最悲伤的事情莫过于亲人的离世。我们要化悲痛为力量，努力学习和工作。

他工作兢兢业业、一丝不苟，待人和蔼可亲、仁义至重。

_____一生问心无愧，是一个实实在在的正直的人，是一个值得我们永远追念和热爱的好同志。

_____一生从事于_____工作，一贯秉承"勤勤恳恳工作，清清白白做人"的原则，在平凡的工作岗位上任劳任怨、精益求精，在_____工作上贡献了自己的毕生精力。

_____为人忠厚，胸怀坦荡；谦虚谨慎，平易近人；生活节俭，艰苦朴素；家庭和睦，邻里团结。他对子女严格管教，子女个个好学上进，学有所成。

_____一生勤恳务实，成就斐然，不仅是_____公司的骄傲，更是广大员工的楷模！

_____一生经历了太多的生活磨难，但他仍然意志坚强，乐观开朗。

_____与大家永别了，留下了他对生活深深的眷恋，留下了他对亲友的深切关爱，留下了他那挥之不去的音容笑貌。

5

名人诞辰纪念日

举办名人诞辰纪念日活动，通常是为了表彰名人对社会、文化、科学、艺术或其他领域所作的重要贡献。纪念日上的领导致辞，旨在提醒人们关注历史和文化，传承和弘扬这些名人的精神和价值观，从名人的经历和成就中汲取启示，从而激励自己追求卓越。

范 文

致辞场合：_____学校纪念孔子诞辰_____周年

致辞人：校长

尊敬的老师们，亲爱的同学们：

大家上午好！

今天是孔子诞辰____周年纪念日，我们在这里隆重举行纪念活动。

两千多年前，孔子诞生于山东曲阜。15 岁时，他便立志做学者；27 岁时，他开始创办私人学校，并拥有较高的声誉；51 岁时，他担任鲁国"中都宰"一职，政绩卓著；55 岁以后，他开始周游列国，践行"读万卷书，行万里路"。经过长达 20 年的游历后，孔子回到鲁国，享受国老待遇，专修诗书礼乐。公元前 479 年，孔子因病去世，享年 73 岁。

众所周知，孔子是我国古代伟大的思想家、教育家，是中国文化的符号，他所创立的儒家学说对中国人的影响是刻在骨子里的，也是全人类不可或缺的精神财富。宋代著名理学家朱熹曾说过："天不生仲尼，万古长如夜。"孔子的思想犹如长夜明灯，照耀着人类历史的长空。清朝康熙帝也说过："至圣之道与日月同明，与天地同运。"

今天，我们在这里纪念孔子，是要弘扬真知，传承经典。何为经典？经典就是历经岁月洗礼，流传下来的文化精髓，是最有价值、最有意义的著作。国人的价值观和精神世界，也是深深植根于中华优秀传统文化经典沃土之中的。

亲爱的同学们，在纪念孔子诞辰＿＿＿年之际，让我们在经典诵读中来学做孔子，做有德之君，做好学之材，做博学、活学之人！让我们读圣贤书，走成功路！让我们修君子风范，树报国豪情！让我们研读经典，用智慧启迪心智，用人文之光净化心灵！让我们一起努力，延续文化血脉，实现百年梦想。谢谢大家！

致辞佳句

_____一生追求真理，不断进步，始终站在时代的前列，顺应历史的潮流。

在群英璀璨、光彩夺目的_____队伍中，_____无疑有着举足轻重的地位。

纵观_____一生的奋斗历程，在他的思想和实践中，_____像一根耀眼的红线，贯穿他一生斗争的每个阶段。

我们津津乐道于他的趣闻轶事，他的雄辩滔滔，他的英姿风采！

我们发自真心地想要了解他的点点滴滴，这对我们而言皆为无价之宝。

我们惊诧于_____波澜壮阔的传奇人生，体验到_____带给我们的心灵震撼。我们要将_____的精神继续发掘传承、发扬光大！

我们要担起肩上的重担，用实际行动去宣传_____、学习_____，在追思缅怀_____的同时，净化自己的精神世界。